Irene M. Beier

W0049267

Gespräche auf Augenhöhe

Ein Leitfaden für den Dialog zwischen Lehrern, Eltern und Schülern

Klett I Kallmeyer

Bibliografische Information der Deutschen Nationalbibliothek
Die Deutsche Nationalbibliothek verzeichnet diese Publikation in der Deutschen Nationalbibliografie;
detaillierte bibliografische Daten sind im Internet über http://dnb.d-nb.de abrufbar.

Impressum

Irene M. Beier
Gespräche auf Augenhöhe
Ein Leitfaden für den Dialog zwischen Lehrern, Eltern und Schülern

1. Auflage 2011

Das Werk und seine Teile sind urheberrechtlich geschützt. Jede Nutzung in anderen als den gesetzlich
zugelassenen Fällen bedarf der vorherigen schriftlichen Einwilligung des Verlages. Hinweis zu § 52 a UrhG:
Weder das Werk noch seine Teile dürfen ohne eine solche Einwilligung eingescannt und in ein Netzwerk
eingestellt werden. Dies gilt auch für Intranets von Schulen und sonstigen Bildungseinrichtungen.
Fotomechanische oder andere Wiedergabeverfahren nur mit Genehmigung des Verlages.

© 2011. Kallmeyer in Verbindung mit Klett
Friedrich Verlag GmbH
D-30926 Seelze
Alle Rechte vorbehalten.
www.friedrich-verlag.de

Redaktion: Sebastian Thede, München
Realisation: Katharina Haupt
Druck: Kessler Druck + Medien GmbH & Co. KG, Bobingen
Printed in Germany

ISBN: 978-3-7800-4905-6

Nicht in allen Fällen war es uns möglich, den Rechteinhaber ausfindig zu machen. Berechtigte
Ansprüche werden selbstverständlich im Rahmen der üblichen Vereinbarungen abgegolten.

Irene M. Beier

Gespräche auf Augenhöhe

Ein Leitfaden für den Dialog
zwischen Lehrern, Eltern und Schülern

Klett | Kallmeyer

Zu diesem Buch

Auf einigen Fortbildungen zur Gesprächsführung, die ich als gemeinsames Seminar für Grundschullehrer/innen und Erzieher/innen konzipiert hatte, wurde ich immer wieder gefragt, ob ich das, was ich dort vermittele, auch in Buchform anbiete. Dies hatte ich bislang für Erzieher/innen, jedoch nicht für Lehrkräfte getan. Aber die stetigen Nachfragen haben mich veranlasst, mit dem Verlag Kontakt aufzunehmen. Und nun halten Sie das Ergebnis in der Hand!

An dieser Stelle möchte ich mich bei denjenigen bedanken, die mich durch ihr beständiges Nachfragen motiviert haben, dieses Buch zu schreiben. Hier ist besonders meine ehemalige Deutschlehrerin zu erwähnen, die mich als Erste zu diesem zweiten Buch ermuntert hat. Besonderer Dank gilt den Lehrerinnen und Lehrern, die geduldig meine Fragen beantwortet haben, mir Beispiele genannt haben und mich bei der Recherche unterstützt haben. Und natürlich meinem Mann, der immer an mich glaubt und mich in allem liebevoll unterstützt.

Dieses Buch ist für Lehrer/innen geschrieben, die ihre Erfahrungen in der Praxis machen und gemacht haben und gewisse Grundkenntnisse besitzen. Es werden einige theoretische Grundlagen beschrieben, welche mit Beispielen aus der Praxis verdeutlicht werden. Ich habe bewusst möglichst wenig Fremdwörter benutzt, möglichst praxisnah geschrieben und den Umfang des Buches begrenzt. Aus der Erfahrung weiß ich, dass die dicken Fachbücher mit 500 Seiten oft gut im Regal aussehen, aber ungern in die Hand genommen, geschweige denn wirklich ganz durchgelesen werden.

Sie können nach dem Inhaltsverzeichnis die Zusammenfassungen der einzelnen Kapitel lesen und dann entscheiden, ob Sie mit dem Thema bereits vertraut sind. Wenn ja, frischen Sie Ihre Kenntnisse noch mal auf oder gehen Sie weiter zum nächsten Kapitel.

Am Ende eines Kapitels finden Sie regelmäßig eine Übung und eine Zusammenfassung. Mit der Übung können Sie Ihr angelesenes Wissen vertiefen, Abläufe trainieren oder die Übungen mit in Ihr Team nehmen.

Die Themen sind in sich abgeschlossen. Deshalb können Sie diese auch in anderer Reihenfolge lesen. Wichtig ist die Gesamtheit der Informationen, um eine sichere und positive Gesprächshaltung zu entwickeln.

In diesem Buch sind einige Checklisten, somit müssen Sie sich die Fragen und Raster nicht für jedes Gespräch neu überlegen. Sie können diese downloaden und als Arbeitsgrundlage zur Vorbereitung eines Gespräches etc. nutzen. So müssen Sie sich nicht alle Fragebögen oder Checklisten selbst erarbeiten.

Es geht in diesem Buch nicht darum, bestimmte Gesprächsabläufe festzulegen oder Ihnen Schemata an die Hand zu geben. Wichtig ist vielmehr, Ihnen Selbstsicherheit durch eine systemische Gesprächshaltung als Grundlage zur Gesprächsführung zu vermitteln, die es Ihnen ermöglicht, entspannt und erfolgreich Gespräche zu führen. Außerdem möchte ich Sie ermuntern, dass Sie sich mit Ihrer persönlichen Haltung, Ihren Werten, Einstellungen, Wünschen, Vorlieben und Paradigmen auseinandersetzen. Somit werden Sie klarer und eindeutiger in Ihren Aussagen und Ihrem Verhalten und gleichzeitig weniger angreifbar. Ebenso ist ein bewusster und professioneller Umgang mit Ihrer Rolle und Ihrer (Macht-)Position als Lehrer/in für alle Seiten entlastend. Dieses gilt sowohl für den Kontakt zu Eltern als auch zu Schüler/innen.

Einführung

Der Unterricht für die Schüler/innen ist nur ein Teil der Arbeit einer Lehrkraft. Neben der Vor- und Nachbereitung, Zeugniskonferenzen etc. müssen auch regelmäßig Elterngespräche und Schüler-Eltern-Lehrer-Gespräche geführt werden. Nicht alle Lehrer/innen sind darüber besonders erfreut, denn zu diesem Thema haben die meisten während ihres Studiums nicht sehr viel gelernt. Kommunikation und Gesprächsführung sind leider kein fester Bestandteil der Ausbildung. Und je höher die Schulklassen sind, umso weniger sind Psychologie und Kommunikationstheorien Bestandteil des Studiums, es geht mehr um die fachlichen Inhalte des jeweiligen Schwerpunktes. Also müssen Sie sich selber weiterbilden. Genau das tun Sie gerade mit der Lektüre dieses Buches! Und Sie werden feststellen, dass Kommunikation mit den Eltern und Schüler/innen richtig Spaß machen kann. Die Grundlagen, die Sie in diesem Buch finden, sind auf alle Gespräche übertragbar. Sie können sie auch in anderen Gesprächen, z.B. unter Lehrer/innen, in Konferenzen, mit dem Schulleiter und bei vielem mehr anwenden. Nebenbei bemerkt: Es hilft auch im Privatleben …

Die Zusammenarbeit mit den Eltern ist ein wesentlicher Faktor des Bildungsauftrages einer Lehrer/in. Hier sind professionell vorbereitete und durchgeführte Elterngespräche das wichtigste Medium und ein wichtiger Faktor bei dem Aufbau und Erhalt des gegenseitigen Vertrauens. Gespräche professionell zu führen erfordert ein hohes Maß an Sozial- und Interaktionskompetenz. Kenntnisse in verschiedenen Methoden der Gesprächsführung und Sicherheit in der Rolle als Lehrkraft sind unabdingbare Voraussetzungen.

In der Regel finden mindestens einmal im Jahr Elterngespräche / Elternsprechtage statt. Beratungsgespräche werden nach Bedarf manchmal auf Initiative der Eltern, manchmal auf Initiative der Lehrer/in geführt. Diese Gespräche können ein gewisses Konfliktpotenzial beinhalten, weil es häufiger um Probleme in Bezug auf das Kind geht.

Die Lehrkräfte in den Schulen sollten den Eltern zugewandt und positiv gegenübertreten und den Familien wertschätzend und annehmend begegnen. Auch wenn die Lehrer/in einen anstrengenden Tag hatte und müde ist, sollte sie freundlich sein und ein offenes Ohr für die Fragen, Sorgen oder Ängste der Eltern haben. Sie sind die Profis in Kommunikation, die Eltern sind dies nur in Ausnahmefällen.

Als Lehrer/innen stehen Sie auf einer Art Bühne und alles, was Sie tun und wie Sie etwas tun hat eine Wirkung nach außen. Sowohl die Schüler/innen als auch die Eltern registrieren neben den verbalen insbesondere auch die nonverbalen Botschaften, die Sie vielleicht manchmal ungewollt äußern.

Jede/r von Ihnen weiß das natürlich, aber im Alltag gerät dieses Wissen in den Hintergrund. Nun müssen Sie auch nicht jede einzelne Geste, Betonung usw. in jeder Sekunde bewusst einsetzen. Das ist unmöglich und alle Natürlichkeit und Kongruenz ginge verloren.

Es ist also wichtig, wie Sie sich im Kontakt mit den Eltern und Schüler/innen verhalten, ein Elterngespräch führen oder einen Elternabend durchführen. Um Elterngespräche zu optimieren, ist es notwendig, einige Grundlagen zu kennen. Insbesondere bei Konfliktgesprächen ist es sehr hilfreich, einerseits zu wissen, wie Sie selbst in Konflikten reagieren und agieren, und andererseits gewisse Gesprächstechniken zu kennen und zu beherrschen.

Vor einem Gespräch ist es besonders wichtig, dass Sie sich Ihre eigene, innere Haltung zu der entsprechenden Familie, zu deren Lebensweise und Verhaltensweisen bewusst machen. Da Sie nicht nur über die Sprache kommunizieren, sondern mit dem ganzen Körper, könnten Sie Ihre unbewussten Vorbehalte, Abneigungen usw. indirekt an die Eltern kommunizieren, auch wenn Sie dies mit Worten nicht zum Ausdruck bringen.

Wenn es um Elterngespräche geht, erlebe ich in den Fortbildungen bei einigen Lehrer/innen eine gewisse Zurückhaltung und Unsicherheit. Auch das Gefühl, die Schwierigkeiten für die Eltern oder Schüler/innen lösen zu müssen oder zu wollen, setzt viele Lehrkräfte unter Druck. Viele meinen, sie müssen wenigstens eine Lösung anbieten und viele Ratschläge geben. Manche neigen dazu, sowohl die Schüler/innen als auch die Eltern belehren zu wollen. Oft sind sie bzw. alle Beteiligten mit dem Gespräch hinterher unzufrieden, haben das Gefühl ihr gesetztes Ziel nicht erreicht zu haben. Nach dem Gespräch wundern sie sich, dass die Eltern nichts oder fast nichts davon umsetzen. Sie haben das Gefühl die Eltern nicht wirklich erreicht zu haben oder dass sie den Eltern nicht klarmachen konnten, was sie unbedingt wollten. Das alles erhöht nicht gerade die Lust auf Gespräche und macht sie anstrengend.

Dieses Buch vermittelt Ihnen einige Grundkenntnisse zur Kommunikation und zeigt Möglichkeiten für Gespräche mit Eltern und Schüler/innen. Durch professionell vorbereitete Gespräche werden Sie selbstsicherer im Umgang mit Eltern und Schüler/innen. Mit dem systemischen Ansatz wird es Ihnen leicht fallen, einen konstruktiven, wertschätzenden und für alle Beteiligten gewinnbringenden Kontakt zu den Eltern und auch Schüler/innen herzustellen.

1 Theoretisches Grundlagenwissen für die Praxis

Wer immer tut,
was er schon kann,
bleibt immer das,
was er schon ist.
(Henry Ford)

1.1 Aufgaben einer Lehrer/in oder Was Sie *nicht* tun müssen

Zunächst geht es um Sie! Es ist wichtig, wie Sie sich selbst wahrnehmen: Fühlen Sie sich wohl in Ihrer Rolle als Lehrkraft? Erfüllen Sie Ihre eigenen Erwartungen an Ihren Beruf? Können Sie bei Ihrer eigenen Ich-Identität bleiben, wenn Sie unterrichten oder bei Konflikten? Sind Sie kongruent, bleiben Sie bei sich und Ihren Gefühlen, wenn Sie Gespräche führen (nur dann können Sie auch gut zuhören)?

Eine Lehrkraft, die sich wohl und sicher in ihrer Rolle als Lehrer/in fühlt, vermittelt sowohl dem Kind als auch den Eltern Vertrauen. Je mehr Sie über Kommunikation wissen (z. B. über das Lesen oder Fortbildung) und je mehr Sie Kommunikation üben, desto sicherer werden Sie im Umgang mit Schüler/innen und Eltern.

Eltern dürfen Fehler in der Kommunikation machen. Lehrer/innen sollten diese dann nicht persönlich nehmen, stattdessen die Aussage, die meistens dahinter steckt, zum Anlass ihrer Reaktion machen. Schließlich sind Sie in Ihrer Rolle als Lehrkraft angesprochen und nicht als Person. Es ist hilfreich, sich erstens zu überlegen, ob eine Sorge der Eltern hinter der Aggression stecken könnte. Zweitens sind Sie vielleicht nur der Blitzableiter, der den Ärger, Angst, Sorge, Wut stellvertretend für jemand anderes abbekommt. Ich schaue in Gedanken – aber wirklich nur gedanklich – manchmal hinter mich, wer da stehen könnte, wer gemeint sein könnte. Das hilft, um eine gesunde Distanz zu bekommen und die Vorwürfe nicht gleich persönlich zu nehmen.

Beispiel:
Sie kommen gerade in Ihren Klassenraum und wollen mit dem Unterricht beginnen. Ein Vater, der seinen Sohn gebracht hat, schreit Sie an: „Das gibt es ja wohl gar nicht! Die Schüler gehen über Tische und Bänke, und es ist keine Aufsicht da. In der Pause ist auch nie eine Aufsicht da! So geht das nicht!"

Sie, als Lehrer/in denken vielleicht: „Was will der denn von mir? Taucht einmal im Jahr hier auf und meckert hier rum. Wir sind unterbesetzt und tun doch schon, was wir können! Ich habe eh schlecht geschlafen und jetzt das noch!" Diese Gedanken gehen Ihnen blitzschnell durch den Kopf. Eine mögliche Antwort auf die Vorwürfe des Vaters wäre: „Ich habe 30 Kinder zu betreuen und Sie können gar nicht beurteilen, wie es hier zugeht! Und außerdem möchte ich jetzt mit dem Unterricht beginnen!"

Natürlich sagen Sie das nicht. Damit würden Sie mit ziemlicher Sicherheit einen Konflikt auslösen. Vielleicht geht der Vater zur Schulleiter/in und beschwert sich dort. Vielleicht, was noch schlimmer wäre, spricht er mit anderen Müttern und Vätern darüber und macht Ihre Arbeit oder gar die ganze Schule schlecht („An der Schule haben sie nichts im Griff, die Schüler machen, was sie wollen, und lernen können sie dabei ja sowieso nichts!"). Als Lehrer/in sollten Sie professionell reagieren. Was heißt das nun? Sie machen Ihrem Ärger keine Luft. Sie werten das Verhalten des Vaters nicht als persönlichen Angriff, sondern sehen es als Ausdruck der Sorge um sein Kind. Dann können Sie dem Vater antworten: „Sie haben hier offensichtlich eine große Unruhe im Klassenraum wahrgenommen und ich verstehe, dass Ihnen das Sorge um Ihren Sohn bereitet. Wenn Sie einverstanden sind, reden wir darüber heute, wenn Sie Ihren Sohn abholen. Jetzt passt es nicht, denn ich möchte mit dem Unterricht für die Kinder beginnen."

Indem Sie den Vater ernst genommen haben, haben Sie die Situation entschärft. Gleichzeitig haben Sie ihn darauf hingewiesen, dass Sie jetzt keine Zeit haben, um mit ihm zu reden, ohne den Vater anzugreifen. Und Sie haben ihm ein Gesprächsangebot gemacht.

Im Folgenden beschreibe ich einige Grundgedanken zu den Aufgaben einer Lehrer/in im Kontakt mit den Familien:

Die Verantwortung war und bleibt bei der Familie. Sie müssen die Probleme der Familie nicht lösen, Sie können es auch gar nicht. Die Lösung findet nur die Familie selbst! Sie können noch so viele Ideen und Lösungen parat haben, keine wird der Familie passen (im wahrsten Sinne des Wortes), keine wird sie annehmen oder umsetzen können. Sie kennen sicher aus eigener Erfahrung, wie wenig effektiv die vielen gut gemeinten Rat- oder Vorschläge sind. Sie können der Familie helfen, mehr über sich zu erfahren und dadurch ihr System und ihre Verhaltensweisen besser zu verstehen. Ich finde das im Übrigen auch sehr beruhigend für mich selbst.

Jede Veränderung macht unsicher und setzt viel Mut voraus. Jedes System (siehe Kapitel 1.2) ist träge und will Vertrautes bewahren. Die Familie will zunächst wahrscheinlich keine Veränderung. Sie haben ihren Weg miteinander gefunden und dieser ist ihnen vertraut. Das kennt jeder von sich selbst. Die Voraussetzung für eine Veränderung ist die Aufgabe einer alten Gewohnheit. Dies fällt schwer, und es gibt viele Menschen, die lieber in einer schlechten, aber vertrauten Situation bleiben als eine neue, dafür unbekannte Situation herbeizuführen. Beispielsweise bleibt ein Mensch lieber in einer unbefriedigenden Partnerbeziehung, als sich zu trennen. Eine Trennung würde bedeuten, sich der Konfrontation zu stellen, zunächst möglicherweise allein zu sein, evtl. neue, unbekannte Menschen kennenzulernen, sich auf eine neue, fremde Situation einstellen zu müssen, andere Tagesabläufe zu organisieren usw. Davor haben viele Menschen Angst und sie bleiben deshalb lieber bei dem Vertrauten. Der Leidensdruck muss erst so groß werden, dass Veränderung als einziger Weg zu einer Lösung erkannt wird.

Beispielsweise wird ein Kind so auffällig, dass dies nicht mehr ignoriert werden kann. Eventuell gibt es ein Familienmitglied, das Veränderung möchte. Sie können dann hier ansetzen und Unterstützung geben.

Sie geben keine Ratschläge. Die Eltern und Kinder kommen mit Ihrer Begleitung selbst auf ihren Lösungsweg. Es gibt ihn nämlich nicht: den für alle richtigen Weg. Jeder findet seinen eigenen, den nur für ihn richtigen Weg. Einen von Ihnen ausgewählten Weg (Vorschlag oder Ratschlag) setzt die Familie nicht um. Dieser wird in der Regel mit „Ja, aber…" beantwortet. Daraus können Sie die Einschränkung der Zustimmung und die Unmöglichkeit der Umsetzung schon entnehmen.

Beispiel:
Ein Kind sagt: „Mir ist langweilig."
Sie antworten: „Dann mach doch deine Hausaufgaben!"
Kind: „Nö, keine Lust."
Sie: „Magst du ein Buch lesen?!"
Kind: „Nee, ich kenne die alle schon."
Sie: „Dann mach doch ein Puzzle, das schöne große neue,
was du grad von Oma bekommen hast!"
Kind: „Hab ich aber keine Lust zu!"

Sie können diesen Dialog nun unendlich fortsetzen. Und egal, was Sie vorschlagen, es ist alles nicht richtig. Bis demjenigen selber etwas einfällt, nachdem er die Langeweile einen Moment ausgehalten hat. (Nebenbei bemerkt ist Langeweile eine äußerst produktive und kreative Phase, in der sich viele gute Ideen entwickeln können.) Vielleicht wäre der Vorschlag, ein Eis zu essen oder einen Film zu schauen, eine Chance auf ein Ende… Aber ob Sie selbst dieses wirklich wollen, bleibt letztendlich Ihre Entscheidung.

Indem Sie im Gespräch nur Fakten benennen, helfen Sie der Familie auf dem Weg zu ihrer eigenen Lösung. Manchmal wird durch das Benennen und Beschreiben des Problems vorher Unsichtbares für die Eltern sichtbar. Dabei ist es bedeutsam, dass Sie immer zwischen Wissen und Interpretation unterscheiden und dies auch entsprechend zum Ausdruck bringen (Ich weiß, dass … oder: Könnte es sein, dass …). Sie werden feststellen, dass es dazu notwendig ist, genau und bis zum Ende zuzuhören. Oft meinen wir das Ende des Satzes schon zu kennen und hören nicht mehr genau zu. Ebenso oft müssen wir feststellen, dass wir uns geirrt haben. Deshalb ist es so wichtig, sehr genau zwischen Wissen / Fakten und der eigenen Interpretation zu unterscheiden.

Übung 1:

Für diese Übung sind zwei Personen notwendig. Sie sagen einen Satz über sich selbst, z. B. „Ich fahre gerne Ski" oder „Ich liege im Urlaub gern in der Sonne". Wählen Sie einen Satz, der etwas über Sie aussagt, mit dem Sie ein Gefühl verbinden. Ihre Kollegin bzw. Freundin hat nun die Aufgabe, Ihre Aussage zu interpretieren. Sie stellt Ihnen Fragen zu Ihrem Satz, z. B. „Bist du gern an der frischen Luft?". Die Aufgabe ist erfüllt, wenn Sie dreimal mit „Ja" geantwortet haben. Dann wechseln Sie und Ihre Kollegin sagt einen Satz über sich und Sie interpretieren so lange, bis Sie dreimal ein „Ja" erreicht haben.

Haben Sie keinen Übungspartner? Dann nehmen Sie das nächste Gespräch, welches Sie führen oder ein Gespräch, dem Sie zuhören, ob im Fernsehen, dem Bus oder beim Einkaufen, und interpretieren Sie dieses in Gedanken für sich selbst. Stellen Sie in Gedanken Fragen, folgen Sie dem Gespräch und überprüfen Ihre Vermutungen. Haben Sie richtig gelegen? Erkennen Sie, wo Sie mit Ihrer Interpretation falsch gelegen haben?

Es ist wichtig, dass Sie nicht beurteilen oder bewerten, sondern nur die Familie mit ihren Werten, Paradigmen, Beziehungen kennenlernen. Statt zu vermuten, sollten Sie nachfragen und aktiv zuhören. Es gibt so viele unterschiedliche Werte und Normen. *Mit welchem Recht setze ich meine als die richtigen an und werte die anderen als falsch ab?* Als Gesprächsführende müssen Sie sich Ihrer eigenen Werte und Normen, Vorurteile und Tabuthemen bewusst sein. Sie müssen Ihre eigene Haltung genau überprüfen, damit Sie Ihre Bewertung nicht unbewusst in Ton oder Wortwahl zum Ausdruck bringen und damit dem Gespräch eine andere, nicht gewünschte Wendung geben. Es könnte sonst passieren, dass manche Eltern versuchen, Ihnen „nach dem Mund" zu reden, um Ihre Zustimmung oder Anerkennung zu erhalten.

Zusammenfassung

▸ Sie müssen der Familie keine fertige, starre Lösung präsentieren.
▸ Die Verantwortung bleibt bei der Familie.
▸ Sie geben keine Ratschläge. Die Familie entwickelt mit Ihrer Unterstützung eigene Wege zu einer Veränderung.
▸ Das Vertraute gibt Sicherheit.
▸ Jede Veränderung setzt großen Mut voraus.

1.2 Der systemische Ansatz als Grundlage

Als Lehrkraft in der Schule arbeiten Sie mit Kindern verschiedenen Alters. Diese Kinder leben alle in einer – wie auch immer zusammengesetzten – Familie. Sie werden es mit „normalen" Familien, in denen Vater und Mutter mit den Kindern zusammenleben, zu tun haben. Ebenso mit alleinerziehenden Elternteilen, dann meistens mit den Müttern. Die Patchworkfamilien nehmen zu, in denen Kinder mit dem neuen Partner eines Elternteils zusammenleben. Manchmal leben auch die Kinder dieses Partners mit in der Familie.

Egal, wie die Familie zusammengesetzt ist, jede ist ein System, welches nach bestimmten Regeln (Paradigmen) funktioniert. Das System Familie besteht aus verschiedenen Anteilen (Familienmitgliedern). Es reicht nicht, sich nur einen Teil anzugucken (z. B. das Kind), Sie müssen das ganze System sehen und verstehen lernen. Wenn ein Teil des Systems nicht mehr funktioniert, funktioniert das ganze System nicht mehr (wie bei einer Uhr: Wenn ein Zahnrad stehen bleibt, funktioniert die ganze Uhr nicht mehr, auch wenn alle anderen Zahnräder noch intakt sind).

Die Familie (oder die Schulklasse, Sportmannschaft, das Arbeitsteam usw.) funktioniert als System wie ein Mobile. Egal, wie viele Mitglieder (Teile eines Mobiles) es gibt, jeder hat seinen Platz und das Mobile hängt ausgeglichen. Das System funktioniert auf seine Weise. Sobald Sie einen Teil des Mobiles berühren, bewegt sich das ganze Mobile. Es ist nicht möglich, nur ein Teil separat von den anderen zu bewegen. Bekommt nun ein Teil mehr Gewicht oder einen anderen Platz, gerät das ganze Mobile in Schieflage und muss neu ausbalanciert werden. Hier liegt ein Vorteil, den Sie nutzen können: Verändert sich nur ein Mitglied der Familie (des Systems), verändern sich alle zwangsläufig mit.

Abb. 1: Mobile Familie

Der Identifizierte Patient (IP) ist jenes Mitglied eines Systems, welches nicht „funktioniert". Für Sie in der Schule wird es das von Ihnen betreute Kind sein, welches Ihnen auffällt. Dieses zeigt Symptome: Beispielsweise ist es in seiner Ausdrucksweise besonders laut oder besonders still, reagiert leichter als andere aggressiv, zeigt Essstörungen, verweigert die Hausaufgaben oder die Mitarbeit im Unterricht, motorische Störungen fallen auf usw. Gern werden solche Auffälligkeiten im Moment ADS/ADHS (Aufmerksamkeitsdefizitsyndrom) genannt.

Es ist nicht sinnvoll, ausschließlich diese Symptome zu beseitigen, denn diese werden dringend gebraucht, um das ganze System der Familie funktionieren zu lassen. *Jedes Verhalten macht Sinn, wenn wir den Kontext kennen!* Um dem Kind zu helfen, müssen Sie also herausfinden, wozu die Familie und/oder das Kind die Symptome des IP braucht. Also stellen Sie sich z. B. die Frage: Was hat das Kind davon, sich so zu verhalten? Was würde passieren, wenn das Kind sich verhält, wie die Eltern oder Sie es sich (vorgeblich) wünschen oder als unauffällig einstufen?

Da die Familie miteinander eingespielt ist, wird sie sich evtl. gegen eine Veränderung wehren. So (gut oder schlecht) wie es jetzt läuft, ist es ihnen allen vertraut. Vielleicht wollen sie auch nicht, dass die Hintergründe ihres Systems bekannt werden.

Übung 2:
Notieren Sie: In welchem Familiensystem sind Sie aufgewachsen, welche Regeln galten dort als unumstößlich? Welche dieser Regeln haben für Sie in Ihrer Partnerschaft/Familie heute noch Gültigkeit? Welche Regeln haben Sie verändert, Ihrer heutigen Situation angepasst?

Jedes System reagiert nach bestimmten Regeln. Es gibt offene und verdeckte Regeln. Diese werden auch als offene oder geheime Verträge bezeichnet.

Beispiel:
Einige Aufgaben in Ihrer Klasse sind klar definiert. Es ist z. B. festgelegt, wer das Klassenbuch führt oder wer Tafeldienst hat. Jeder Schüler ist für seinen Arbeitsplatz selbst zuständig. Die Pausenzeiten sind festgelegt. Allerdings ist unklar, ob einmal jährlich eine Klassenfahrt oder ein Schulausflug stattfindet. Das muss dann jedes Jahr neu besprochen und entschieden werden. Hier können die Erwartungen der Lehrer/innen, der Eltern und der Schüler/innen durchaus unterschiedlich und Anlass für Diskussionen sein. Auch kann es vorkommen, dass Eltern oder Schüler/innen davon ausgehen, dass Sie als Lehrer/in für die guten oder schlechten Noten verantwortlich sind, während es für Sie selbstverständlich ist, dass hier die Verantwortung bei den Schüler/innen liegt. Dann handelt es sich um einen geheimen Vertrag bzw. eine verdeckte Regel, die unweigerlich zu Missverständnissen führt.

Beispiel:
Ein Paar hat die Arbeiten des Haushalts besprochen und folgendermaßen aufgeteilt: Der Mann bringt den Müll raus, die Frau kümmert sich um die Wäsche, einkaufen gehen sie gemeinsam. Nicht klar besprochen haben sie z. B., wer Staub wischt, die Einkaufsliste schreibt oder wer bestimmt, was es zu essen gibt. Es hat sich eingespielt, wer was davon übernimmt, aber es ist nicht klar definiert. Über die letzten drei genannten Tätigkeiten wird es immer wieder mal Streit geben.

Dies ist ein relativ harmloses Beispiel für Verträge. Geheime Verträge können eine Beziehung scheitern lassen. Beispielsweise kann es folgende geheime Absprachen geben: Ich will nicht wissen, ob du fremdgehst; du bist für die Kinderbetreuung verantwortlich; du bist für mein Glück verantwortlich; du musst erraten, was mich unglücklich macht und dies verhindern.

Auch dies ist ein geheimer Vertrag: Viele Menschen bleiben lieber in einer für sie schlechten Situation als das Unbekannte zu riskieren. So bleiben manche Menschen – trotz anderer Möglichkeiten – an einer Arbeitsstelle, an der sie sich im Team und mit ihrem Chef sehr unwohl fühlen, sich schlimmstenfalls sogar gemobbt fühlen und sehr ungern zur Arbeit gehen. Aber diese Situation (und folglich deren offene und geheime Verträge) ist ihnen vertraut, sie kennen die Kolleg/innen und ihren Chef und deren Verhaltensweisen. Das ist den meisten Menschen lieber, als sich auf neue, unbekannte Kollegen einzulassen. Deren Verhalten kennen sie schließlich noch nicht. Und auch „wenn es schlimmer nicht kommen kann", ist die Angst vor dem Unbekannten oft größer als die Chance auf neue, nette Kollegen. Sie behalten lieber das vertraute, bekannte Elend als das ungewisse Neue zu wagen.

Damit Sie das Kind in Ihrer Klasse optimal unterstützen können, müssen Sie also das System seiner Familie kennen- und verstehen lernen. Und das geht am Besten im Elterngespräch.

Ein Elterngespräch ermöglicht es Ihnen, das bestehende System der Familie besser zu verstehen und daraus Ihr pädagogisches Handeln für das Kind in der Schule abzuleiten. Stellt sich hierbei heraus, dass die Familie in ihrem System bleiben will, haben Sie keine Chance, dieses zu verändern und es ist auch nicht Ihre Aufgabe. Dies empfinden viele Lehrer/innen als Entlastung, weil sie nicht mehr versuchen, die Familie mit allen Mitteln zu einer Änderung zu bewegen. Oft fällt es Pädagog/innen schwer, die Familienstruktur so zu lassen, wie sie ist und zu akzeptieren, dass die Familie nichts verändern möchte oder kann. Als Lehrkraft können Sie nur gemeinsam mit der Familie eine Änderung des Systems bewirken. Sie können mit diesem Wissen und Verständnis adäquate, unterstützende Handlungsschritte für das Kind erarbeiten und umsetzen. Und hier kommt wieder das Bild des Mobiles (siehe S. 14) zum Tragen.

Als logische Konsequenz neuer Erkenntnisse über die Familie gehen die Pädagogen in der Schule anders mit dem Kind um. Damit bieten Sie dem Kind die Möglichkeit, neue Erfahrungen zu machen, andere Handlungskompetenzen zu erlangen und in ähnlichen Situationen anders und angemessener zu reagieren. Wenn Sie sich anders dem Kind gegenüber verhalten, kann das Kind nicht mehr nach seinem alten Handlungsplan agieren. Und wenn das Kind als ein Teil der Familie (des Mobiles) anders handelt als vorher, kann seine Familie ebenfalls nicht mehr genauso handeln wie vorher.

Zusammenfassung

▸ Eine Familie ist ein System, welches nach bestimmten, eigenen Regeln funktioniert.
▸ Jedes Verhalten macht Sinn, wenn man den Kontext kennt.
▸ Wir lernen das System der Familie kennen und bewerten es nicht.
▸ Wenn eine Familie in ihrem System bleiben will, können wir das nicht ändern.
▸ Wir stellen uns die Familie als Mobile vor und erkennen: Wenn sich ein Familienmitglied anders verhält, wirkt sich dies auf alle Familienmitglieder aus.

1.3 Das Problemdreieck

Oft fühlen sich Menschen für etwas verantwortlich, wofür sie keine Verantwortung tragen (können). Ganz oft werden diese aktiv und wollen Probleme lösen und wundern sich hinterher, wieso nichts, aber auch gar nichts geklappt hat. Das liegt oft daran, dass sie Probleme anderer zu lösen versuchen. Das klappt in der Regel nicht oder höchst unzureichend. Logischerweise kann es nicht funktionieren, wenn jemand die Probleme anderer löst. Ebenso können andere Menschen meine Probleme nicht lösen, denn jeder kann nur sein eigenes Problem lösen. Vielleicht empfindet der andere das, was Sie als Schwierigkeit definieren, oder etwas, das Ihrer Meinung nach einer Veränderung bedarf, gar nicht so. Für den anderen ist alles gut, so wie es ist.

Bevor Sie also Aktivitäten welcher Art auch immer anstreben, ist es notwendig zu überprüfen, wer überhaupt das Problem hat. Bei vielen Situationen, in denen Sie sich verantwortlich fühlen, kann es sich durch das Zuordnen im Dreieck schnell herausstellen, dass Sie selbst weder das Problem noch die Verantwortung tragen. Dann ist es sinnvoll zu schauen, ob Sie zur Problemlösung beitragen können und wenn ja womit. Natürlich müssen Sie auch Ihre Verantwortung als Lehrer/in wahrnehmen.

Je nachdem, wem das Problem zugeordnet ist, fällt das Handeln der Lehrkraft unterschiedlich aus. Haben Sie selbst das Problem, können Sie überlegen, wer oder was Ihnen helfen würde. Dementsprechend holen Sie sich Unterstützung.

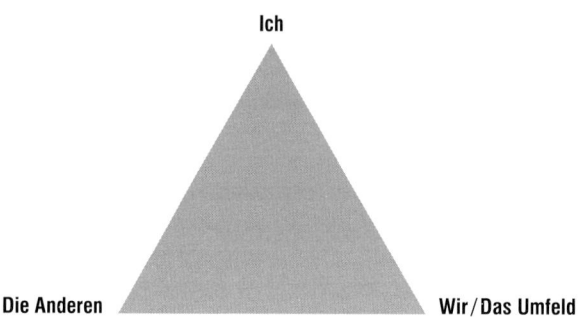

Ich

Die Anderen　　　　　　　　　　　**Wir / Das Umfeld**　　　Abb. 2: Problemdreieck

Beispiel:
Der Schulleiter bittet Sie um ein Gespräch, weil eine Mutter sich bei ihm über Sie beschwert hat. Er schildert, was die Mutter gesagt hat: Sie hätte bemängelt, der Unterricht sei schlecht strukturiert und Sie wählen die falschen Bücher aus. Die Kinder würden sich langweilen und nichts lernen. So könne ihr Sohn nie auf das Gymnasium gehen. Mit dem Schulleiter sind Sie sich einig, dass die Mutter sich nicht zuerst an ihn, sondern direkt an Sie wenden sollte. Dies ist der übliche Weg an Ihrer Schule. Sie verabreden, dass Sie die Mutter zu einem Gespräch einladen, auch um ihr deutlich zu machen, dass Sie ihre Ansprechpartnerin sind.

Zweierlei Probleme tauchen hier auf. Erstens: Die Mutter wendet sich direkt an die Schulleitung, statt zunächst mit Ihnen zu sprechen. Zweitens: Die Mutter stellt Ihre fachliche Qualifikation infrage, indem sie Ihre Unterrichtsmaterialien und Durchführung kritisiert. Zum ersten Punkt: Das ist auch Ihr Problem, weil Sie übergangen worden sind. Sie werden die Mutter in einem Gespräch darum bitten, dass sie sich bei Kritik bitte zunächst an Sie wendet. Wenn sie beide nicht zu einer befriedigenden Einigung gelangen, kann sie sich immer noch an die nächste Instanz, den Schulleiter, wenden. Diesen würden Sie in dem Fall sowieso auch informieren. Zum zweiten Punkt: Dies ist das Problem der Mutter. Sie als Lehrkraft tragen die Verantwortung für den Unterricht. Sie müssen und sollten sich den Eltern gegenüber nicht für Ihren Unterricht rechtfertigen. Natürlich hören Sie sich Kritik an und überprüfen für sich (nicht gemeinsam mit der Mutter), ob Sie die Kritik als gerechtfertigt empfinden. Wenn ja, überlegen Sie präzise, in welchen Punkten Sie daraus dann welche Handlungsänderung ableiten.

　　Eine Bemerkung zur Kritik der Eltern: Oft versteckt sich hinter solch allgemeiner Kritik („die Kinder langweilen sich“, „alle anderen Eltern sind auch meiner Meinung“) die Sorge der Eltern, ihre Kinder würden nicht genug von der Lehrkraft wahrgenommen, sie würden nicht auf das Gymnasium kommen, sie würden ihr Abitur nicht gut genug schaffen etc. Steckt tatsächlich die Sorge der Eltern

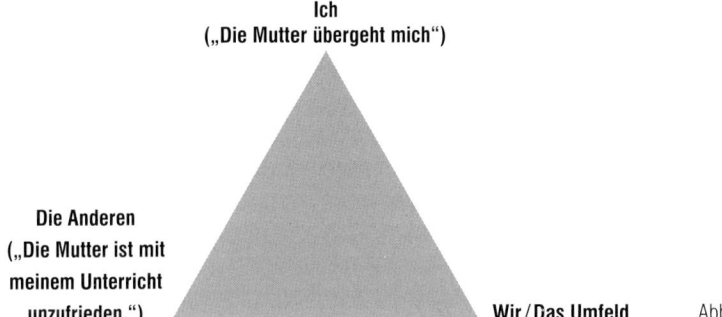

Ich
(„Die Mutter übergeht mich")

Die Anderen
(„Die Mutter ist mit
meinem Unterricht
unzufrieden.")   **Wir / Das Umfeld**   Abb. 3: Problemdreieck

hinter der Kritik, ist eine ausführliche Darstellung der pädagogischen Hintergründe und eine Begründung Ihres Vorgehens sinnlos. Auch dass Sie aufgrund Ihres jahrelangen Studiums schon wissen, wie man den Unterricht gut gestaltet, oder eine sachliche Analyse, mit der Sie die Aussagen der Mutter widerlegen, führt zu nichts. Wie Sie mit solchen Eltern umgehen können, wird in den folgenden Kapiteln beschrieben.

Um das Problem zuordnen zu können, ist es notwendig, es präzise zu beschreiben. Äußerungen wie: „Das gefällt mir nicht", „Ich fühle mich unter Druck gesetzt", „Das ist doch wirklich eine Unverschämtheit, mich so anzuschreien" sind zu vage und deshalb nicht zuzuordnen. Je genauer das Problem benannt wird, desto leichter fällt die Zuordnung. Auf unser o. g. Beispiel bezogen lauten die Sätze: „Die Mutter übergeht mich" (da sie sich direkt an den Schulleiter wendet) und „Die Mutter ist mit meinem Unterricht unzufrieden".

Aus der Zuordnung ergeben sich die Handlungsebenen. Dabei kommt es auch vor, dass kein Handlungsbedarf besteht. In dem Fall ist Ihre Aufgabe eher das Akzeptieren und Aushalten, nichts tun zu können.

1.4 Energie sinnvoll einsetzen

Das ist etwas, was wir vermutlich alle kennen: Wir beißen uns an einem Thema fest, verzetteln uns in Aktivitäten, die zu keinem Erfolg führen, ärgern uns maßlos und sind am Ende frustriert, weil wir (fast) nichts erreicht haben.

Machen Sie sich klar, auf welche Bereiche Sie Einfluss haben. Es ist sinnlos, Energie in einem Bereich, auf den Sie keinen Einfluss haben, einzusetzen. Zum Beispiel: Über das Wetter zu schimpfen, ändert es nicht. Stattdessen muss die geplante Fahrradtour bei Regen verschoben werden oder es wird entsprechende Kleidung gewählt.

Allerdings kann es durchaus sinnvoll sein, Energie in eine Sache mit bedingtem Einfluss zu investieren. Beispielsweise kann man für den Traumjob den

Wohnort wechseln. Ganz besonders hat es natürlich Sinn, Energie dort zu investieren, wo Sie Einfluss nehmen können: Eine ungeliebte Haarfarbe kann man zum Beispiel umfärben.

Beispiel:
Die Eltern wollen unbedingt, dass ihr Kind auf das Gymnasium geht. Sie und das Team haben die begründete Auffassung, das Kind ist besser in der Realschule aufgehoben.

Worauf haben Sie Einfluss? Sie können bei der Festlegung der weiterführenden Schule des Kindes nicht unmittelbar mitbestimmen, denn das entscheiden die Eltern (kein Einfluss für Sie). Sie können – und das sollten Sie auch tun, um Ihre Verantwortung wahrzunehmen – den Eltern Ihre Wahrnehmung bezüglich des Kindes in einem Elterngespräch mitteilen (bedingten Einfluss). Hier können Sie den Eltern durch Ihre fachliche Einschätzung des Leistungsstandes, des sozialen, kognitiven und motorischen Entwicklungsstands des Kindes Ihre Meinung zur weiterführenden Schule begründet darlegen und damit evtl. Einfluss auf deren Entscheidung nehmen. Dann müssen Sie den Eltern die Entscheidung überlassen.

Nun ist es nicht immer ganz einfach zu erkennen, welche Dinge hinzunehmen und welche veränderbar sind. Mit etwas Übung gelingt dies nach und nach leichter. Hilfreich sind auch Gespräche mit Kolleg/innen beim Orientieren und Zuordnen. Abgesehen vom privaten Bereich fühlen sich Lehrer/innen im Beruf gerne für alles verantwortlich und möchten das Beste für die Kinder in ihrer Klasse. Dabei kann es passieren, dass sie sich für Bereiche verantwortlich fühlen, für die sie definitiv keine Verantwortung tragen (siehe das Beispiel zur weiterführenden Schule). Viele empfinden das Einordnen der Einflussbereiche und damit auch die Zuordnung der Verantwortung als Entlastung und Erleichterung. Sie erkennen, wo ihre Verantwortung beginnt und auch endet, und dadurch werden ihre Handlungen effizienter. Manchmal ist es durchaus schwer, diese Grenzen akzeptieren zu müssen. Das folgende Gelassenheitsgedicht verdeutlicht den Zwiespalt und die Schwierigkeit sehr schön:

> Gott, gib mir die Gelassenheit, die Dinge hinzunehmen, die ich nicht ändern kann.
> Den Mut, die Dinge zu ändern, die ich ändern kann.
> Und die Weisheit, das eine vom anderen zu unterscheiden.

(nach Reinhold Niebuhr)

Der Kreis des Einflusses (s. Seite 21) ermöglicht eine optische Darstellung der Ausführungen. Sie können zu dem jeweiligen Fall Ihre Gedanken in die Kreise eintragen, indem Sie die Dinge, auf die Sie keinen Einfluss haben, in den äußeren Ring eintragen. Dinge, bei denen Sie der Meinung sind, dass Sie einen beding-

innerer Ring: viel Einfluss,
mittlerer Ring: bedingter Einfluss,
äußerer Ring: kein Einfluss

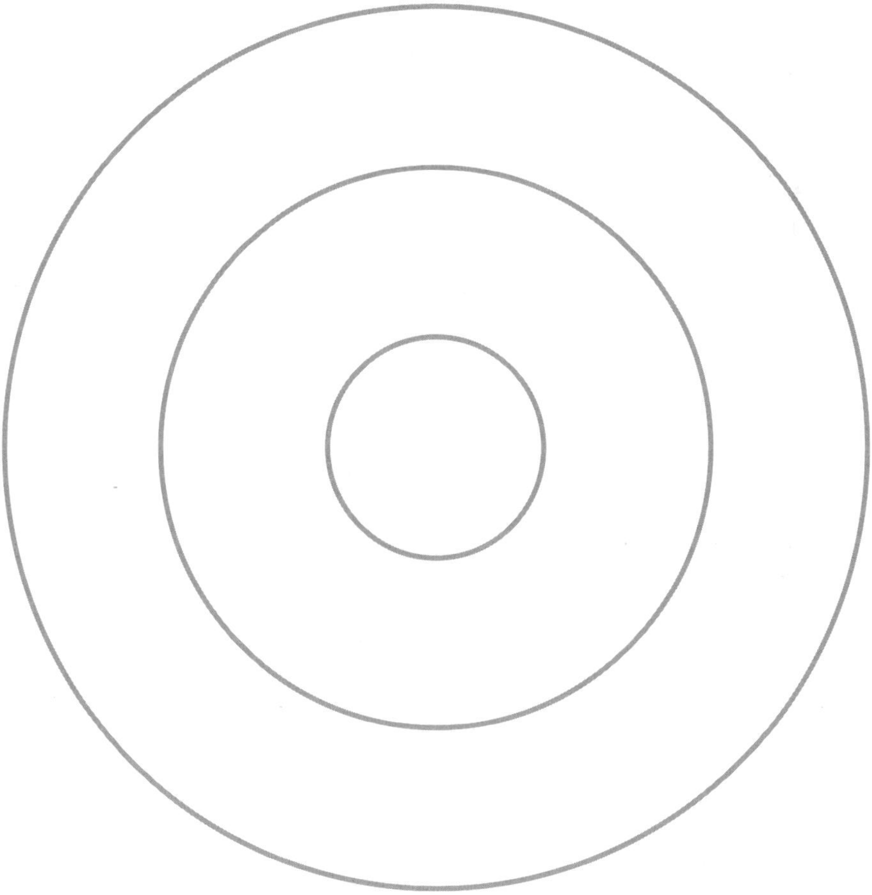

Abb. 4: Der Kreis des Einflusses

ten Einfluss haben, tragen Sie in den mittleren Ring ein. Alles, worauf Sie Einfluss nehmen können, schreiben Sie in den Kreis in der Mitte.

Auf diese Weise fällt Ihnen das Ordnen Ihrer Gedanken leichter und Sie kommen leichter zu einer Entscheidung, ob und wo die Kraft sinnvoll eingesetzt werden kann.

Übung 3:
Laden Sie den Kreis des Einflusses herunter, drucken Sie ihn aus und tragen Sie in den jeweiligen Abschnitt drei Aussagen ein, die Ihrer privaten und / oder beruflichen Situation entsprechen.

1.5 Familientypologien

Als eine Möglichkeit, sich den Familien gedanklich zu nähern und sie einzuordnen, gibt es drei Familientypologien. Um ein Gespräch möglichst gut vorbereiten zu können, ist es hilfreich zu überlegen, welcher Familientyp Sie erwartet. So können Sie Reaktionen und Verhaltensweisen der Familienmitglieder einschätzen und sich auf ein entsprechendes Vorgehen im Gespräch vorbereiten. Sie können Reaktionen und Abwehrmechanismen leichter erkennen und vorhersagen und so in Ihre Gesprächsführung einplanen. Auf diese Weise werden Sie nicht enttäuscht oder aus Ihrem Gesprächskonzept gebracht. Durch Ihre Einschätzung können Sie bereits im Vorfeld entscheiden, wo das Gespräch stattfinden sollte und wie Sie die Terminabsprache sinnvoll gestalten. So ebnen Sie den Weg in ein zielförderndes und lösungsorientiertes Gespräch.

Im Folgenden werden drei Familientypologien beschrieben. Diese Typologien sind nicht immer in der reinen Form zu finden. Es gibt Überschneidungen, oft hat der eine Typ auch etwas von dem anderen. Meistens liegt aber der Schwerpunkt doch in einem Bereich.

1.5.1 Das instabile Familiensystem

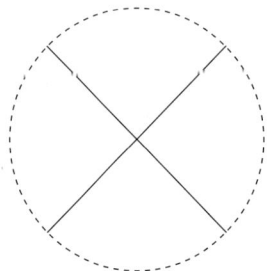

Abb. 5: Das instabile Familiensystem:
klare Grenzen innen, diffuse Grenzen nach außen

In einer instabilen Familie hat jeder sein eigenes Zimmer („Hier hast du nichts zu suchen…"). Die Türen sind geschlossen, es gibt starr abgegrenzte persönliche Bereiche. Nach außen aber ist die Haustür stets offen, jeder kann zu jeder Zeit reinkommen, über „alles" wird „offen" geredet.

Bei einem Gespräch werden Sie als Lehrer/in zunächst das Gefühl haben, das Gespräch läuft gut. Mutter oder Vater erzählen freimütig, nach dem Motto: „Wir haben nichts zu verbergen." Diese Familie lädt Sie auch gern zu einem Gespräch oder zu Besuch zu sich nach Hause ein. Allerdings wird innerlich von den Eltern eine klare Grenze gezogen, die nicht benannt wird. Sobald es um die wahren Hintergründe für die Verhaltensauffälligkeiten des Kindes geht, blockt die Familie ab.

Beispiel:
Familie Meier hat zwei Kinder in der Schule. Zu dem Vater der Tochter aus erster Beziehung der Mutter gibt es keinen Kontakt. Das Mädchen (12) zeigt einige Verhaltensauffälligkeiten und Entwicklungsrückstände. Der kleine Bruder (6) geht in die erste Klasse und zeigt Auffälligkeiten in bestimmten Situationen und in der Sprache. Die Mutter ist mit dem Vater des Jungen verheiratet. Die Haustür der Familie ist jederzeit für jeden offen. Nachbarn und Freunde der Kinder sind jederzeit willkommen. Jedes Kind hat sein eigenes Zimmer. Die Familie wirkt sehr offen und jederzeit zu einem Gespräch bereit.

In einem Gespräch, in dem es um die Auffälligkeiten der Tochter gehen soll, sind die Eltern zunächst offen und sehr gern zu einem Gespräch bereit. So lange alle Themen unverfänglich und positiv sind, ist die Stimmung gut. Doch sobald Sie die Auffälligkeiten der Schülerin und deren mögliche Ursachen und Unterstützungsmöglichkeiten ansprechen, werden die Eltern vom Thema ablenken bzw. abblocken. Das Gespräch wird oberflächlich bleiben. Sobald es um echte, eigene Gefühle geht, ziehen sich die Eltern zurück, nach dem Motto: „Alles ist gut!" Es ist sehr schwer, an die wahren Hintergründe zu gelangen. Sie können aber der Familie Ihre Einschätzung der Schülerin mitteilen und aufzeigen, welche Maßnahmen Sie zur Unterstützung des Mädchens gutheißen würden. Sind es Anregungen, die die Eltern umsetzen sollten, müssen Sie es der Entscheidung der Eltern überlassen, ob sie Ihnen folgen. Für Ihren Unterricht und Umgang mit der Schülerin können Sie Ihre Maßnahmen umsetzen. Eine klare Struktur und sachliche Gesprächsführung helfen solchen Familien, für eine Zusammenarbeit offen zu bleiben.

1.5.2 Das pseudo-stabile Familiensystem

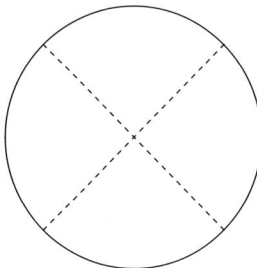

Abb. 6: Das pseudo-stabile Familiensystem:
diffuse Grenzen innen, klare, feste Grenzen nach außen

In einer pseudo-stabilen Familie gibt es stets offene Zimmertüren, kaum eigene, persönliche, abgegrenzte Bereiche. Es trinken z. B. alle aus demselben Glas, schlafen nach Lust und Laune mal im eigenen, mal in Mamas Bett. Nach außen gibt es im Gegenzug keine oder wenig Öffnung, wenig intensive Kontakte, Außenstehende (z. B. die Lehrer/in) erhalten wenig Einblicke ins Familienleben („Das geht keinen was an …").

Beispiel:
Familie Schmitz und Familie Bertram haben jeweils zwei Kinder in der ersten Klasse. Die beiden Familien sind eng befreundet. Oft bringen sie morgens ihre Kinder gemeinsam und holen sie mittags gemeinsam wieder ab. Manchmal kommt eine der beiden Mütter und holt alle vier Kinder ab. Bei der Begrüßung oder Verabschiedung werden alle Kinder von beiden Müttern gleich behandelt, alle werden mit einem Kuss auf den Mund verabschiedet. Es kann sein, dass Mutter Schmitz ein Kind der Familie Bertram auf dem Schoß hat, während ihr eigenes zu weinen anfängt.

Nun wäre es angemessen, dass Mutter Schmitz Kind Bertram absetzt und ihr eigenes Kind tröstet. Bei Familien mit der pseudo-stabilen Struktur behält Mutter Schmitz das Kind Bertram auf dem Schoß und Mutter Bertram geht zu Kind Schmitz und tröstet es.

Sie als Lehrer/in wissen natürlich, welche Kinder zu welcher Mutter gehören. Jemand von außen kann dies nicht eindeutig erkennen. Beim Betrachten des Umganges dieser Familien miteinander „fühlt" es sich merkwürdig an, es werden Grenzen überschritten, real bestehende Familienbeziehungen zwischen Mutter und Kind werden nicht eingehalten und freundschaftliche Beziehungen zwischen Mutter Schmitz und Kind Bertram werden wie verwandtschaftliche Beziehungen nach außen dargestellt.

Für Elterngespräche bedeutet dies: Die Familien wirken offen und freimütig. Wenn Sie einen Termin für ein Elterngespräch abmachen wollen, werden diese

Familien eher zurückweichen oder vorschlagen, man könne das Gespräch doch ganz locker mit beiden Familien zusammen führen. Man habe schließlich keine Geheimnisse voreinander. Ein Gespräch in ihrer Wohnung lehnen sie eher ab, lieber kommen sie in die Schule. Es ist schwer, etwas „Echtes" von diesen Familien zu erfahren. Die inneren Beziehungen jeder Familie werden nach außen abgeschirmt. Nach außen hin ist alles okay und es gibt keine Probleme. Die Kinder zeigen oft ein „grenzenloses" Verhalten: Sie kuscheln mit jedem Erwachsenen, können schlecht Nein sagen, wirken unsicher.

Mit Familien diesen Typs verabreden Sie am besten ein Gespräch in der Schule, natürlich mit jeder Familie einzeln. Bleiben Sie sachlich bei Ihrem Thema und vor allem bei dieser Familie. Sie könnte z.B. versuchen, die befreundete Familie für unterstützende Maßnahmen miteinzubeziehen. Überprüfen Sie vorher gut, ob Sie dies für sinnvoll erachten.

1.5.3 Das stabile Familiensystem

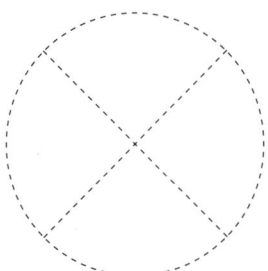

Abb. 7: Das stabile Familiensystem: Jeder hat seinen eigenen Bereich. Dieser ist zugeordnet und abgegrenzt, aber offen für die anderen, ebenso das Familiensystem nach außen. Jedes Subsystem kann mit den anderen adäquat umgehen.

In einer stabilen Familie hat jeder seinen eigenen Bereich. Dieser wird von den anderen Familienmitgliedern respektiert. Außenstehende (Freunde, Verwandte, Nachbarn usw.) haben angemessenen Zugang zur Familie.

Beispiel:
Familie Müller hat zwei Töchter, die beide in die Schule gehen. In der Familie hat jeder seinen eigenen Bereich bzw. sein eigenes Zimmer. Wenn das Kind an den PC des Vaters möchte, fragt es vorher. Es gibt klare Absprachen, was die Kinder dürfen und was nicht. Idealerweise sind auch die Konsequenzen abgesprochen.

Fällt Ihnen als Lehrer/in bei einem der Mädchen eine für Sie unerklärliche Änderung im Verhalten auf, sind die Eltern zu einem Gespräch bereit. In dem Gespräch können die Eltern sagen, ob dieses Verhalten auch zu Hause auftritt und Sie können gemeinsam mit den Eltern eine mögliche Ursache ermitteln. Anschließend können Sie gemeinsam mit den Eltern unterstützende Maßnahmen für das Mädchen entwickeln und diese zusammen (Sie in der Schule und die Eltern entsprechend zu Hause) umsetzen.

Übung 4:
Gehen Sie die Familien in Ihrer Klasse in Gedanken durch. Ordnen Sie jeweils eine Familie in das pseudo-stabile, instabile und stabile Familiensystem ein. Überlegen Sie schriftlich: Woran haben Sie die Zuordnung festgemacht? Was resultiert aus der Zuordnung für Ihren pädagogischen Alltag?

Zusammenfassung

▸ In einer instabilen Familie sind die innerfamiliären Grenzen starr. Die Haustür steht aber jedem offen.

▸ In einer pseudo-stabilen Familie sind die innerfamiliären Grenzen aufgelöst. Die Haustür nach außen ist geschlossen.

▸ In einer stabilen Familie gibt es angemessene persönliche und gemeinsame Bereiche. Die Haustür steht Freunden offen.

1.6 Zwei ausgewählte Kommunikationsmodelle

„Ein Mensch kann nicht nicht kommunizieren" (Paul Watzlawick). Was heißt das? Auch ein Mensch, der nicht spricht, teilt seiner Umgebung (nonverbal) etwas mit. Zum Beispiel: Ein Schüler sitzt zu Unterrichtsbeginn wie erstarrt an seinem Tisch und blickt stumpf die ganze Zeit auf seine zusammengepressten Hände. Dieser Schüler spricht nicht, aber er teilt Ihnen trotzdem etwas mit: Er ist offensichtlich angespannt, vielleicht steht er unter Druck, vielleicht hat er Angst. Vielleicht steht heute eine Mathearbeit an, vor der er panische Angst hat. Vielleicht ist zu Hause etwas vorgefallen, was ihn beunruhigt. Vielleicht ist etwas in der Schule kurz vor dem Unterricht passiert, was ihn verstört. Da wir sein Verhalten nur interpretieren (Angst, unter Druck stehen) können, ist die Gefahr der Missverständnisse groß.

Jeder Mensch kommuniziert immer als Ganzes, d. h., wir alle sprechen mit unserem ganzen Wesen, mit unserem ganzen Körper. Wenn wir sprechen, artikulieren wir die Wörter mit unserer Stimme. Gleichzeitig teilen wir unsere Gefühle durch unsere Körperhaltung, unseren Gesichtsausdruck, mit Händen, Atem und Stimmlage mit. Der Mensch kann – bewusst oder unbewusst – mit Worten lügen. Der Körper lügt nicht. Deshalb ist es wichtig, immer auch auf die Körpersprache zu achten, um eventuelle Diskrepanzen aufgreifen zu können. Besonders Kinder folgen unbewusst eher den Taten als den Worten, das erfahren viele Eltern und auch Pädagog/innen – manchmal eher ungern.

Bei jeder Kommunikation spielt auch der Blickkontakt eine wichtige Rolle. Es heißt, die Augen seien das Fenster zur Seele (Plinius der Ältere). Schon Säuglinge nehmen Blickkontakt auf und die Erwachsenen spüren den richtigen Abstand, der dem Baby scharfes Sehen ermöglicht. An den Augen erkennen wir oft, ob jemand die Wahrheit sagt, ob er sich in seiner Haut wohlfühlt oder nicht. Unsichere Menschen wenden den Blick schneller ab. Blicke können verständnisvoll, liebevoll, abweisend, höhnisch, auffordernd, ermunternd, abwertend, überheblich, freundlich etc. sein, aber kaum neutral. Sie kennen die Sprüche: Jemanden keines Blickes würdigen, mit Blicken töten, Liebe auf den ersten Blick. Blicke können die Worte Lügen strafen. Auch dies ist ein Grund, weswegen eine gründliche Vorbereitung (u. a. das Klarwerden über die eigene Haltung zu der Familie und dem Thema) auf ein Gespräch so wichtig ist. Im Gespräch ist ein angemessener Blickkontakt gerade zu Beginn förderlich, d. h. nicht dem Gegenüber unerbittlich in die Augen zu starren und abzuwarten, wer den Blick als erster abwendet. Hilfreich ist eine offene Körperhaltung mit einem offenen, wertschätzenden oder ehrlich interessierten Blick. Achten Sie in dem Gespräch neben der Körpersprache und den Worten auch auf die Augen Ihres Gegenübers: Nehmen Sie Ihr eigenes Gefühl ernst, welches Sie dabei haben. Sie können Abwehr und Unsicherheit schnell erkennen und entsprechend reagieren.

Zu jedem Kontakt und in jede Beziehung kommt jeder Mensch mit seiner ganz eigenen Geschichte. Er hat in diversen Momenten, Situationen, Lebensphasen verschiedenste Erfahrungen u. a. in seiner Kindheit und in seinem weiteren bisherigen Leben gesammelt. Vieles davon ist uns nicht mittelbar bewusst. Übrigens gilt dies besonders für Kinder: Für sie ist ihre Familie der Maßstab aller Dinge und auch das Beziehungsmodell ist ihr Vorbild. Sie gehen davon aus, dass es in allen Familien genauso zugeht, wie in ihrer eigenen. Das gilt für gute als auch für negative Beispiele. Kinder, die geschlagen werden, gehen davon aus, dass alle anderen Kinder ebenfalls geschlagen werden. Kinder, die geliebt werden, gehen selbstverständlich davon aus, dass alle anderen Kinder auch geliebt werden. Sie haben zunächst nur diese eine Variante des Zusammenlebens kennengelernt. Später, oft erst in der Schule, erfahren sie, dass es viele verschiedene Modelle von Familie gibt.

Unsere Erfahrungen wirken sich natürlich auch auf unser Gesprächsverhalten aus. In Familien herrschen die unterschiedlichsten Kommunikationsregeln. Manche sind offen ausgesprochen, manche sind stille (heimliche) Verträge, unausgesprochene Regeln, an die sich alle halten.

Jeder hat seine eigene Art, mit seinen Mitmenschen zu sprechen oder auch nicht zu sprechen. Jeder hat Themen, die er / sie nicht gerne anspricht. Sie selbst haben Verhaltensweisen Ihres Gegenübers erlebt, die Sie aus dem Konzept bringen, Sie aufregen oder Sie in die Defensive katapultieren. Und auch diese gilt es zu kennen, damit Sie nicht in eine für den Gesprächsverlauf negative Kommunikationshaltung geraten oder sich evtl. auf die persönliche Ebene begeben, sondern in einer professionellen und unterstützenden Haltung bleiben können.

Sich selbst über seine eigenen Verhaltens- und Kommunikationsformen im Klaren zu sein, ist besonders für schwierigere Gespräche und Konfliktgespräche wichtig. Wer sich nicht mit seiner eigenen Geschichte auseinandersetzt, läuft große Gefahr, in eine der diversen Kommunikationsfallen zu tappen. Dies ist auf jeden Fall hinderlich für einen guten Gesprächsverlauf.

Übung 5:
Erinnern Sie sich an zwei verschiedene Gespräche, z. B. Elterngespräche. Schreiben Sie spontan zu jedem Gespräch drei Stichpunkte auf. Ordnen Sie die Gespräche zu: gut gelaufen und nicht so gut gelaufen. Überlegen Sie, was haben Sie in dem „guten" Gespräch als besonders angenehm empfunden? Und: Was hat Sie bei dem „nicht so guten" Gespräch aus dem Konzept gebracht? Können Sie sich erinnern, wann / wodurch das Gespräch eine evtl. negative Wendung genommen hat?

1.6.1 Kommunikationsmuster nach Virginia Satir

Menschen, die mit sich im Reinen sind, kommunizieren kongruent. Sie haben keinen Stress, stehen nicht unter Druck und können bei sich bleiben und dem Prozess des Gespräches folgen. Da sie nicht versuchen, dem anderen Menschen ihre eigenen Vorstellungen aufzuzwängen, ihn zu belehren oder zu überzeugen, sind sie in der Lage, ihr Ziel des Gesprächs den neuen Informationen anzupassen. Menschen, die sich unsicher oder angegriffen fühlen oder deren Gegenüber abwertend mit ihnen spricht, haben weniger Selbstwertgefühl. Sie geraten unter Stress. Oft fallen Menschen dann in kindliche, unbewusste Verhaltensmuster zurück.

Unter Stress handeln wir nicht so, wie wir es tun, wenn wir entspannt sind. Stress kommt auf, wenn wir Angst haben, nicht das zu bekommen, was wir brauchen, und wenn das Selbstwertgefühl niedrig ist. Um eine empfundene Bedrohung abzuwehren, benutzen wir im Wesentlichen vier Verhaltensmuster: Beschwichtigen, Anklagen, Rationalisieren und Ablenken.

Es ist wichtig, sich vor einem Gespräch über seine eigenen Verhaltens- und Kommunikationsmuster im Klaren zu sein. Sind Sie sich Ihrer Muster nicht bewusst, passiert es leicht, dass Sie in einem Gespräch „auf dem falschen Fuß" erwischt werden. Sie reagieren unbewusst in Ihrem vorrangigen Muster und können dann das Gespräch nicht mehr mit professioneller Haltung weiterführen. Bei unserem Gesprächspartner beobachten wir sämtliche Verhaltensweisen: Worte, Gesichtsausdruck, Körperhaltung, Muskelspannung, Atemgeschwindigkeit, Klang der Stimme.

Mit Kenntnis dieser Verhaltens- und Kommunikationsmuster (beschwichtigend, anklagend, rationalisierend, ablenkend) können Sie sich die jeweiligen Vorzüge eines Musters zunutze machen. Sie können z. B. einen „Rationalisierer" mit einer Recherche beauftragen oder einen „Ablenker" nutzen, um eine Situation zu entspannen. Damit lenken Sie das Gespräch in eine positive Richtung und nutzen die Ressourcen der Familie.

Übung 6:
Denken Sie an verschiedene Menschen. Mit welchen Menschen fällt Ihnen ein Gespräch leicht, bei welchen Menschen können Sie gut Kritik anbringen und annehmen? Bei welchen Menschen fühlen Sie sich unsicher, unter Druck gesetzt? Was machen diese Menschen im Gespräch anders als die Ihnen angenehmeren?

Zur näheren Betrachtung dient uns im Folgenden das Beispiel des Vaters vom Anfang als typische Situation der Praxis.

Beispiel:
Sie kommen gerade zu Ihrem Klassenraum und wollen mit dem Unterricht beginnen. Ein Vater, der seinen Sohn gebracht hat, schreit Sie an: „Das gibt es ja wohl gar nicht! Die Schüler gehen über Tische und Bänke und keine Aufsicht ist da. In der Pause ist auch nie eine Aufsicht da! So geht das nicht!"

Kongruentes Kommunikationsverhalten
Ein selbstbewusster Mensch, der sich sicher fühlt, kann kongruent kommunizieren. Er äußert seine echten Gefühle. Dabei stimmen Aussage und Körpersprache überein. Der Kontakt ist angenehm. Er wird nicht verletzend, redet nicht abwertend und hat eine wertschätzende, annehmende Ausstrahlung. Er fühlt sich nicht in seinem Selbstwert bedroht und muss deshalb auch sein Gegenüber nicht bedrohen. Er ist offen und in der Lage, angemessene Kritik anzunehmen. Er kann Kritik freundlich und adäquat, ohne die Person zu verletzen oder anzugreifen, äußern. Wenn beide Gesprächspartner kongruent kommunizieren, verläuft die Kommunikation optimal. Das Gespräch verläuft entspannt. Auch schwierige oder strittige Themen können angemessen diskutiert werden. Die Gesprächspartner sind sich ihrer Kommunikationsebenen (F. Schulz von Thun, siehe Kapitel 1.6.2) bewusst. Sachliche Inhalte werden auf der Sachebene besprochen, ohne unterschwellig einen Appell oder eine Beziehungsbotschaft zu senden. Appelle oder Beziehungsaussagen werden deutlich als solche benannt. Jeder spricht mit Ich-Botschaften (siehe auch Kapitel 1.8), sodass der Gesprächspartner nicht angegriffen wird. Meinungen können ausgetauscht werden und verschiedene Standpunkte können gleichwertig stehen gelassen werden. Es ist nicht notwendig, am Ende des Gespräches einer Meinung zu sein. Eine Lehrer/in kommuniziert idealerweise in dieser Kommunikationsform.

Beschwichtigendes Kommunikationsverhalten

Einige Personen reagieren unter Stress beschwichtigend. Sie versuchen sich einzuschmeicheln, versuchen zu gefallen und entschuldigen sich ständig. Sie finden schwer Zugang zu ihrem Gefühl und wenn sie sich spüren, dann missachten sie ihr eigenes Gefühl. Es sind die „Jasager". Sie fühlen sich jedem zu Dank verpflichtet und benehmen sich unterwürfig. Sie wollen auf jeden Fall verhindern, dass ihr Gegenüber wütend wird. Die Stimme ist oft weinerlich, sie scheuen den Blickkontakt, schauen nach unten, wirken unsicher, die Stimmung ist oft unangenehm.

▸ *Ziel*: Die andere Person nicht zu ärgern.
▸ *Botschaften*: Zum Beispiel: „Was immer du willst, ist in Ordnung. Ich existiere nur, um dich glücklich zu machen. Ich tue alles für dich." (Grundstimmung).
▸ *Körperhaltung*: versöhnlich bis hin zu hilflos. Opferhaltung.
▸ *Gedanken*: „Ich bin nichts wert ohne dich. Ich brauche dich. Ich bin wertlos."
▸ *Vorzüge, Ansatzmöglichkeiten*: Sie sind ruhig (unterdrückt), einfühlsam, belastbar, greifen nicht an.

Betrachten wir dazu jetzt das Beispiel von dem Vater (siehe Seite 10, 29): Der Vater klagt die Lehrer/in an. Er macht ihr Vorwürfe und sieht den Fehler ausschließlich bei der Lehrer/in. Wenn die Lehrer/in vorwiegend beschwichtigend kommuniziert, gibt sie dem Vater uneingeschränkt recht: „Ja natürlich Herr Lange, Sie haben ja völlig recht! Es tut mir so leid! Ich bin aber auch spät dran. Natürlich achte ich ab jetzt immer darauf, dass es eine Aufsicht im Klassenzimmer und im Pausenhof gibt. Entschuldigen Sie bitte vielmals."

Abb. 8 verdeutlicht die Haltung des Beschwichtigers

Im Gespräch mit beschwichtigenden Eltern

Treffen Sie im Elterngespräch auf einen beschwichtigenden Elternteil, nutzen Sie dies vorzugsweise, indem Sie zunächst durch positive Verstärkung (z.B.: „Toll, dass Sie sich die Zeit für unser Gespräch genommen haben.", „Ich sehe, dass Sie sich sehr um Ihr Kind kümmern") das Selbstwertgefühl aufbauen. Stellen Sie angemessene Aufgaben, z.B. eine Logopädin oder Nachhilfe zu finden, Termine zu machen. Es ist wichtig, sensibel zu sein und keine Überforderung zu bewirken, denn die Beschwichtiger sagen nicht Nein, auch wenn Sie den Aufgaben nicht gewachsen sind. Ihr großes Ziel ist es, es Ihnen recht zu machen. Leicht gerät man in die Versuchung, solche Persönlichkeiten auszunutzen, weil es einfach scheint, ihnen Aufgaben zu übertragen, da sie selten ablehnen.

Anklagendes Kommunikationsverhalten

Um von sich abzulenken, suchen Menschen, die unter Stress anklagend reagieren, ständig nach Fehlern beim anderen. Sie haben Angst, dass jemand ihre eigenen Schwächen bemerken könnte. Die Stimme ist laut und vorwurfsvoll. Sie greifen in der Hoffnung an, ihr Gegenüber niedermachen und schwächen zu können. Einem vermeintlich schwächeren Gesprächspartner gegenüber können sie sich stark fühlen. Der Blick ist abfällig bis herausfordernd.

▸ *Ziel*: Von der anderen Person als stark angesehen zu werden.
▸ *Botschaften*: Zum Beispiel: „Was ist los mit Ihnen? Ich bin der Chef. Ich habe recht!" (Grundstimmung).
▸ *Körperhaltung*: anklagend, fordernd, vorgebeugt, ausgestreckter Zeigefinger.
▸ *Gedanken*: „Ich fühle mich erfolglos und habe Angst, dass dies jemand merkt."
▸ *Vorzüge, Ansatzmöglichkeiten*: Sie sehen viel (besonders Schwachstellen bei anderen), sind mutig, gehen nach vorn, sind aktiv, man hört sie, sie sprechen etwas an.

Wieder zurück zu unserem Beispiel (siehe Seite 10, 29): Der Vater klagt die Lehrer/in an. Er macht ihr Vorwürfe und sieht den Fehler ausschließlich bei der Lehrer/in. Kommuniziert die Lehrer/in vorwiegend ebenfalls anklagend, wird sie die Vorwürfe zurückweisen und den Fehler bei dem Vater suchen. „Was fällt Ihnen ein, mir die Schuld dafür zu geben. Sie müssen Ihren Sohn ja nicht so früh bringen. Ich habe 30 Kinder zu betreuen und nur begrenzte Stunden zur Verfügung. Ich kann schließlich nicht in jeder Pause die Aufsicht übernehmen!"

Abb. 9 verdeutlicht die Haltung des Anklägers

Im Gespräch mit anklagenden Eltern

Die Ausführungen des Anklägers nutzen Sie vorzugsweise, indem Sie ihn nach seinen Beobachtungen oder Wahrnehmungen zu dem Thema fragen und diese lobend kommentieren: „Es ist beeindruckend, wie detailliert Sie die Situation beschreiben können!" Binden Sie diese Menschen also in die Problemlösung mit ein, Sie entwickeln Lösungsstrategien und verfolgen deren Umsetzung. Verstärken Sie den Ankläger auf keinen Fall, indem Sie ihn ermuntern, sich zur Wehr zu setzen oder seine eigene Meinung durchzusetzen. Sie entschärfen Gesprächssituationen, indem Sie seine Worte nicht persönlich nehmen und positiv umformulieren: „Das ist ein guter Hinweis, ich werde es im Hinterkopf behalten / es mit meinen Kolleg/innen besprechen."

Rationalisierendes Kommunikationsverhalten

Menschen, die unter Stress rationalisierend reagieren, sind sehr korrekt und übervernünftig. Sie zeigen kaum Gefühle und wirken beherrscht. Sie haben Angst, ihre Gefühle wahrzunehmen und vor allem, dass jemand diese bemerken könnte. Die Stimme klingt monoton, sachlich kühl, sie reden abstrakt und in langen, erklärenden Sätzen.

▸ *Ziel*: Seinen / Ihren Selbstwert durch große Worte zu festigen.
▸ *Botschaften*: Zum Beispiel: „Das ist überaus vernünftig.", „Ich bin der Experte." (Grundstimmung).
▸ *Körperhaltung*: unbewegt, gespannt; ich bin ruhig, kühl und gesammelt.
▸ *Gedanken*: „Ich habe Angst, mich Ihnen auszuliefern."
▸ *Vorzüge, Ansatzmöglichkeiten*: Sie sind sachlich, belesen, sie zitieren, haben Ordnung, agieren voraussagbar, verlässlich.

Schauen wir jetzt wieder unser Beispiel (Seite 10, 29) unter dieser Voraussetzung an. Wenn die Lehrer/in vorwiegend rationalisierend kommuniziert, wird sie dem Vater ausführlich die Situation erklären. Sie bleibt ruhig und sachlich. „Herr Lange, es stimmt, dass es im Klassenraum gerade unruhig zugeht. Aber sehen Sie, ich arbeite schon sehr lange in der Schule und weiß, wann eine Aufsicht der Schüler erforderlich ist. Gestern war dies z.B. nicht der Fall, die Schüler waren sehr ruhig. Wenn man die Schüler ständig beaufsichtigt, fühlen sie sich bevormundet und lernen ja schließlich nie, sich auch ohne Beobachtung angemessen zu verhalten."

Abb. 10 verdeutlicht die Haltung des Rationalisierers

Im Gespräch mit rationalisierenden Eltern

Rationalisierer zeigen ihre Gefühlswelt nicht. Lesen Sie zwischen den Zeilen des Gesagten, denn Sie als Lehrer/in können aus dem Handeln und dem Erzählten Rückschlüsse auf die dahinter verborgenen Gefühle ziehen. Mit Hilfe der Rationalisierer können Sie emotionale Themen auf eine sachlichere Ebene bringen. „Bitte schildern Sie uns, wie Sie die Situation erlebt haben. Geht es Ihnen damit genauso wie Ihrem Mann / Ihrer Frau?" Bieten Sie Ihre Wahrnehmungen unbedingt als Frage an. „Ich habe den Eindruck, Sie kümmern sich sehr um Ihren Sohn, weil Sie sich extra einen Tag freigenommen haben, um an diesem Gespräch teilzunehmen. Stimmt das?"

Rufen Sie das jeweilige Fachwissen ab oder beauftragen Sie ihn damit, Informationen zu einem bestimmten Thema für den nächsten Termin einzuholen. Lassen Sie ihn ggf. Termine bei anderen unterstützenden Institutionen machen.

Ablenkendes Kommunikationsverhalten

Manche Personen reagieren unter Stress ablenkend. Sie befassen sich nicht mit dem Thema, um welches es gerade geht. Sie reden einfach – gern auch ausführlich – von etwas anderem. Sie hoffen, dass auf diese Weise die Aufmerksamkeit und auch die Zeit nicht mehr für das evtl. brisante Thema reicht. Sie vermeiden konkrete Aussagen, weichen aus. Sie halten nur kurz Blickkontakt. Die Stimme ist wie ein Singsang und klingt „abwesend".

▸ *Ziel*: Ignorieren der Bedrohung, die diese Situation und die andere Person für mich hat – so tun, als ob gar nichts wäre, vielleicht geht die Bedrohung dann vorbei.

▸ *Botschaften*: sind ohne Beziehung, klaglos. Alles haarscharf am Thema vorbei (Grundstimmung).

▸ *Körperhaltung*: eckige Bewegungen, Verschiedenes auf einmal tun, eher nervös.

▸ *Gedanken*: „Ich bin nicht interessiert. Ich bin nicht sicher, ob ich mich auf dich verlassen kann."

▸ *Vorzüge, Ansatzmöglichkeiten*: Sie sind bunt, stimmungsvoll, kreativ.

Würde die Lehrer/in unserem Beispiel (Seite 10, 29) vorwiegend ablenkend kommunizieren, geht sie weder auf die Tatsache, dass die Schüler über Tische und Bänke gehen, noch auf den Vorwurf des Vaters ein. „Schönen guten Morgen Herr Lange! Da ist ja der Max. Schön, dass du da bist, Max! Komm, setz dich auf deinen Platz. Wir beginnen jetzt mit dem Unterricht, gleich singen wir unser Begrüßungslied. Holen Sie Max wie immer nach Schulschluss ab, Herr Lange?"

Abb. 11 verdeutlicht die Haltung des Ablenkers

Im Elterngespräch mit ablenkend kommunizierenden Eltern

Bei ablenkenden Eltern oder Schüler/innen müssen Sie als Gesprächsführer/in den roten Faden im Blick behalten. Der Ablenker muss immer wieder auf das Thema zurückgeführt werden: „Das, was Sie erzählen, ist wirklich interessant. Ich möchte bezogen auf unser heutiges Thema noch unbedingt von Ihnen wissen, was Sie genau zu Ihrem Sohn gesagt haben, nachdem er nicht auf Sie gehört hat." Nutzen Sie die Kreativität, indem Sie ihn aktiv bei der Lösung einbeziehen. „Wenn Sie das hören, was fällt Ihnen spontan ein, was Ihrem Kind helfen könnte?"

Die Ablenker sind schwer „zu fassen". Nutzen Sie dieses Verhalten, um von dem Problem etwas Distanz zu bekommen und einen anderen Blick zu ermöglichen: „Für Sie scheint das alles gar nicht schlimm zu sein, wie sehen Sie die Situation?"

Übung 7:
Suchen Sie sich ein Kommunikationsmuster aus, nehmen Sie die entsprechende körperliche Haltung ein, bleiben Sie darin und spüren Sie, wie die körperliche Haltung sich auf Ihre Verfassung auswirkt. Sprechen Sie in dieser Rolle einige Sätze. Wechseln Sie die Kommunikationshaltungen. Welche kommt Ihrer eigenen Kommunikationsform am nächsten?
Haben Sie einen Übungspartner? Nehmen Sie nacheinander unterschiedliche Haltungen ein, sprechen Sie einige Sätze mit der entsprechenden Betonung. Gehen Sie alle Muster durch. Überprüfen Sie: In welcher Haltung fühlen Sie sich am wohlsten und mit welchem Gegenüber haben Sie die wenigsten Schwierigkeiten? Bei welchem Muster fällt es Ihnen schwer, gelassen zu bleiben?

Zusammenfassung
▸ Jeder Mensch bringt seine ganze Geschichte in die Beziehung mit ein.
▸ Jeder Mensch kommuniziert mit seinem gesamten Wesen, mit seinem ganzen Körper.
▸ Ein Mensch kann nicht nicht kommunizieren.
▸ Ein Mensch, der nicht kongruent ist, steht unter Stress und agiert in einem der vier Muster.
▸ Nutzen Sie die Vorzüge der jeweiligen Kommunikationsform.
▸ Bei einer kongruenten Kommunikation sind Worte, Tonfall und Körpersprache stimmig.

1.6.2 Das Interaktionsmodell nach Friedemann Schulz v. Thun

Kommunikation ist die Ursache aller Missverständnisse und gleichzeitig die einzige Möglichkeit, diese zu beseitigen.

Eine reibungslose Kommunikation zwischen den Menschen ist eher die Ausnahme. Jeder Mensch hat seine eigenen Erfahrungen und seine eigene Kommunikation in seinem sozialen Umfeld gelernt. Jeder hat eigene Deutungen und gefühlsmäßige Assoziationen zu bestimmten Worten, Tonfall, Gestik, Mimik. Hinzu kommen noch kulturelle Unterschiede, denn in anderen Ländern sprechen die Menschen nicht nur eine andere Sprache, sie haben auch andere Umgangsformen. Das sieht man schon an unterschiedlichen Begrüßungen. Man muss aber gar nicht in andere Länder schauen, um Unterschiede in der Kommunikation zu finden, es gibt sie schon regional und auch bei jedem Einzelnen. Manche Menschen sprechen z.B. gern über ihre Gefühle, andere gar nicht. Auch bei Männern und Frauen finden sich oft Unterschiede: Frauen erzählen meist gern von sich aus, wollen aber auch gefragt werden. Sie deuten das als Interesse. Männer hingegen gehen oft davon aus: wenn sie mir etwas sagen will, wird sie es schon tun. Wenn sie es nicht von selbst erzählt, möchte sie wohl nicht darüber reden. Es kommt zu Missverständnissen oder auch Streitereien. Zur Kommunikation gehören immer zwei Personen: eine, die etwas mitteilen will (Sender), und eine, die die Mitteilung empfängt (Empfänger). Nun hat jede Aussage mehrere Anteile: Neben den gesprochenen Worten spielt die gesamte Körpersprache und der Tonfall eine wichtige Rolle. Widersprechen sich Körpersprache und gesprochene Worte, wird die Botschaft zweideutig.

Friedemann Schulz von Thun hat 1977 ein „Kommunikationsquadrat" entwickelt (Schulz v. Thun 1998, Seite 30). Darin macht er deutlich, dass jede Botschaft vier Aspekte hat: einen Sachinhalt, eine Appellebene, eine Beziehungsebene und eine Selbstoffenbarung. Diese vier Aspekte betreffen sowohl den Sender als auch den Empfänger einer Nachricht.

Der Sender einer Botschaft

In diesem Modell wird der Sprecher als „Sender" bezeichnet. Der Sender ist verantwortlich für das, was bei dem Empfänger (Hörer) ankommt. Da jede Nachricht vier Aspekte hat, ist es wichtig zu wissen, auf welchem der Aspekte der eigene Schwerpunkt liegt. Durch Rückfragen können Sie ermitteln, ob der Empfänger das verstanden hat, was Sie als Sender sagen wollten. Dies ist essenziell bei einem Elterngespräch, um Fehlinterpretationen und falsche Schlussfolgerungen zu vermeiden.

Abb. 12: Die vier Seiten der Nachricht

Beispiel:

Die Lehrkraft sagt zu einem Schüler: „Lies du ruhig deinen Comic während meines Unterrichts!" Von der Betonung hängt ab, was sie wirklich meint. Freundlich und mit wohlwollendem Lächeln gesagt, sind die Worte ernst gemeint. Mit einem zusammengekniffenen Mund und gezischt, sagen die Worte zwar das Gleiche, aber der Tonfall und der Gesichtsausdruck bedeuten: „Wage es ja nicht, deinen Comic in meinem Unterricht zu lesen!"

Die vier Aspekte einer Nachricht:

▸ *Sachinhalt:* Das, was der Sender dem Empfänger mitteilen will, worüber er informiert.

▸ *Appell:* Das, was der Sender mit der Information beim Empfänger erreichen will. Er will den Empfänger zu einem bestimmten Verhalten, Denken, Handeln bringen.

▸ *Beziehungsaussage:* Die Deutung der Beziehung zwischen Sender und Empfänger. Auf dieser Ebene teilt der Sender mit, in welcher Beziehung die Gesprächspartner zueinander stehen. Die Beziehungsaussage kann eine Sachnachricht überlagern, sodass die Sachinformation nicht mehr zum Tragen kommt bzw. vom Empfänger nicht mehr gehört werden kann.

▸ *Selbstoffenbarung*: In jeder Aussage stecken auch Informationen des Senders über sich selbst. Er teilt – bewusst und / oder unbewusst – etwas über sich selbst mit. Dieser Aspekt der Nachricht ist psychologisch besonders interessant.

Beispiel:

Ein Ehepaar sitzt im Auto. Er fährt. Sie sagt: „Die Ampel da vorn ist rot."

▸ *Sachinhalt*: Die Ampel ist rot.

▸ *Appell*: Du musst anhalten.

▸ *Beziehungsaussage*: Ich traue dir nicht zu, umsichtig Auto zu fahren. Ich definiere unsere Beziehung so, dass ich dich darauf hinweise. (Säße sie neben ihrem Chef, hätte sie eventuell geschwiegen.)

▸ *Selbstoffenbarung*: Ich bemerke, wie du fährst. Ich habe Angst, dass du nicht bremst, das ist mir auch schon passiert.

Untersuchen wir unser Beispiel (Seite 10, 29) mit Hilfe dieser Kriterien, ergibt sich folgendes Bild:

▸ *Sachinhalt*: Der Vater teilt der Lehrer/in die sachliche Information mit, dass die Schüler/innen über Tische und Bänke gehen. („Die Schüler gehen über Tische und Bänke und keine Aufsicht ist da!")

▸ *Appell*: Der Vater fordert die Lehrer/in auf, die Aufsicht zu übernehmen. Außerdem fordert er eine Erklärung, warum keine Aufsicht da ist. („Warum ist keine Aufsicht da, übernehmen Sie die Aufsicht?")

▸ *Beziehungsaussage*: Der Vater teilt der Lehrer/in mit, dass er sie für ungeeignet hält, die Kinder zu beaufsichtigen, und dass er sie als unachtsam und wenig verantwortungsbewusst ansieht. Außerdem definiert der Vater ihre Beziehung so, dass er die Lehrer/in vor allen Kindern zurechtweisen darf. („Sie können mein Kind nicht angemessen beaufsichtigen. Ich werfe Ihnen Unachtsamkeit vor.")

▸ *Selbstoffenbarung*: Der Vater teilt der Lehrer/in seine Sorge um sein Kind mit. Er hat Angst, dass Max sich verletzen könnte, dann zu Hause bleiben muss und er oder seine Frau dann nicht zur Arbeit gehen kann. Außerdem würde sein Sohn auch noch Lehrstoff verpassen. Evtl. hat er auch die Sorge, dass die Lehrer/in Max insgesamt nicht genügend im Blick hat. („Ich mache mir Sorgen um Max.")

Im Elterngespräch

Eine Lehrkraft sollte wissen, auf welcher Ebene sie vorrangig kommuniziert. Als Senderin einer Botschaft ist sie dafür verantwortlich, was bei den Eltern ankommt. Für ein effektives Elterngespräch kann es notwendig werden, bewusst auf eine andere Ebene zu gehen. Zum Beispiel: Das Elterngespräch soll vorrangig ein sachlicher Austausch von Informationen werden. Die Lehrer/in selbst spricht hauptsächlich auf der Selbstoffenbarungsebene. Für dieses Gespräch spricht sie ganz bewusst auf der sachlichen Ebene. Bei der Vorbereitung können Sie sich Formulierungen überlegen, die hilfreich sind und es Ihnen erleichtern, auf der gewünschten Ebene zu bleiben. Natürlich ist es notwendig, dass beide Seiten auf der Sachebene kommunizieren. Unterschwellige Selbstoffenbarungen oder Appelle gehören hier nicht hin.

Achten Sie auf die Körpersprache Ihrer Gesprächspartner, etwa wenn sie die Arme verschränken, weil sie sich evtl. angegriffen fühlen usw. Beachten Sie auch die Reaktionen der Eltern (wenn z. B. Antworten gegeben würden, die nicht dem von Ihnen gemeinten Sinn Ihrer Frage entsprechen). Sie können dann entsprechend reagieren. Haben Sie den Eindruck, die Eltern haben evtl. etwas anderes gehört, als Sie gesagt haben, ist es wichtig, dass Sie nachfragen. Zum Beispiel: „Ich habe den Eindruck, ich habe mich missverständlich ausgedrückt. Können Sie mir bitte sagen, wie Sie das eben Gesagte verstanden haben?", „Ich habe gemeint, dass... Haben Sie das auch so verstanden?"

Möchten Sie an die Eltern appellieren, deklarieren Sie diesen Appell deutlich: „Ich möchte, dass Sie Ihrem Kind keine Süßigkeiten zum Frühstück mitgeben."

Möchten Sie etwas auf der Beziehungsebene klären, formulieren Sie z. B.: „Ich habe den Eindruck, Sie vertrauen mir in diesem Zusammenhang nicht".

Auf der Selbstoffenbarungsebene können Sie beispielsweise das Gemeinschafts-
gefühl verstärken, indem Sie sagen: „Ich sehe, Sie machen sich Sorgen um Tobi-
as, das tue ich auch. Deshalb wollte ich so gern einmal mit Ihnen darüber reden."

Der Empfänger einer Botschaft

Der Hörer der Botschaft wird „Empfänger" genannt. So wie der Sender auf diesen vier Ebenen sendet, hört der Empfänger auf diesen „vier Ohren". Die meisten
Menschen hören vorrangig auf einem dieser vier Ohren und reagieren dementsprechend. Dies ist nicht immer sinnvoll, wie die Beispiele noch zeigen werden.
In einem professionellen Zusammenhang sollten Sie wissen, auf welchem Ohr
Sie vorrangig hören. Dann können Sie die Nachrichten überprüfen, bevor Sie
spontan reagieren und evtl. etwas tun, was gar nicht erforderlich, schlimmstenfalls sogar hinderlich ist.

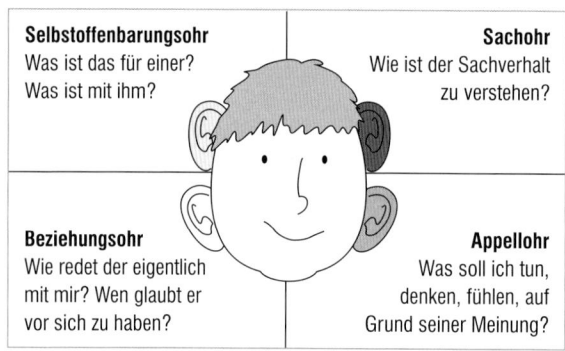

Abb. 13: Der vierohrige Empfänger

▸ *Sachohr*: Einige Empfänger hören überwiegend auf dem Sachohr und versuchen Auseinandersetzungen auf der sachlichen Ebene zu führen. Dabei werden die anderen Aspekte einer Nachricht ausgeblendet. Dies funktioniert so
  lange, wie das Problem nicht auf der zwischenmenschlichen Beziehungsebene liegt. Vorzüge: Der Hörer ist eher sachlich, neutral, ergebnisorientiert, ob-
  jektiv und unempfindlich.
▸ *Appellohr*: Manche Hörer reagieren überwiegend auf dem Appellohr. Sie
  wollen es allen recht machen, „hören" auch unausgesprochene Wünsche und
  sind wenig bei sich selbst. Sie reagieren vorschnell, versuchen, sofort Lösungen umzusetzen, ohne Rücksicht darauf, ob diese Lösungen überhaupt gewünscht sind. Vorzüge: Dieser Empfänger ist hilfsbereit, lösungsorientiert
  und zuvorkommend.
▸ *Beziehungsohr*: Einige Menschen nehmen jede Aussage persönlich, fühlen sich leicht angegriffen. Sie weichen der sachlichen Auseinandersetzung
  aus und gehen schnell auf die Beziehungsebene. Vorzüge: Dieser Hörer ist
  menschlich, feinfühlig, kann zwischen den Zeilen lesen und ist sensibel.

▸ *Selbstoffenbarungsohr*: Andere Personen empfangen Nachrichten eher auf der Selbstoffenbarungsebene. Dies ist psychisch gesünder, als auf der reinen Beziehungsebene zu hören. Hier wird darauf geachtet, was der Sprecher über sich selbst aussagt, statt die Aussage persönlich zu nehmen. Vorzüge: Diese Menschen sind einfühlsam, verständnisvoll und können gut zuhören.

Beispiel:
Ein frisch verliebtes Pärchen sitzt auf der Couch. Sie sagt: „Mir ist kalt." Er springt auf und schließt das Fenster. Sie reagiert enttäuscht und wendet sich ab.

Auf der *Sachebene* hat sie ihm mitgeteilt, dass ihr kalt ist.
Auf der *Beziehungsebene* hat sie gewollt, dass er sich um sie kümmert.
Auf der *Appellebene* meinte sie: „Nimm mich in den Arm."
Auf der *Selbstoffenbarungsebene* sagt sie aus: „Ich fühl mich nicht genug umsorgt."
Er hat auf dem Appellohr gehört, sofort eine Lösung gefunden und ist von ihrer Abwendung völlig irritiert.
Bezogen auf das Beispiel in der Schule kann die Lehrer/in Folgendes hören:

▸ *Sachohr*: Die Lehrer/in hört, dass die Schüler über Tische und Bänke toben. Ihre Reaktion bleibt auf der sachlichen Ebene: „Hat Max sich verletzt?"
▸ *Appellohr*: Die Lehrer/in hört, dass die Schüler über Tische und Bänke toben. Ihre Antwort folgt dem Appell: „Ich werde ab jetzt darauf achten, dass das nicht mehr vorkommt."
▸ *Beziehungsohr*: Die Lehrer/in hört, dass der Vater sie für unachtsam und unfähig hält. Sie reagiert auf der Beziehungsebene: „Ich kann mich nicht um alles kümmern."
▸ *Selbstoffenbarung*: Lehrer/in hört, dass der Vater sich Sorgen macht und reagiert darauf: „Sie machen sich Sorgen um Max. Aber so leicht wird er sich nicht verletzen." Sie ignoriert aber, dass sie selbst einen Fehler gemacht haben könnte.

Im Elterngespräch

Ist die Lehrer/in die Empfängerin einer Botschaft, ist sie gefordert, sich selbst gut zu reflektieren. Dazu muss sie wissen, auf welchem Ohr sie selbst vorrangig hört bzw. reagiert. Dann muss sie heraushören, auf welcher Ebene die Elternteile senden. Nur wenn diese beiden – oftmals unterschiedlichen – Ebenen klar sind, ist eine Lehrkraft in der Lage, das Gespräch erfolgreich zu leiten. So kann sie in jedem Fall durch Nachfragen und offenes Interpretieren Missverständnissen vorbeugen und den Eltern annehmend und wertschätzend begegnen. Sie lässt sich nicht durch unterschwellige Appelle oder Beziehungsaussagen provozie-

Abb. 14: Das Kommunikationsquadrat

ren, sondern spricht an, was sie wahrnimmt. Dies kann man durchaus auch ggf. schmunzelnd mit Humor tun. Zum Beispiel: „Höre ich da gerade den Appell, Ihrem Sohn das Toben zu verbieten?!" Oder ernsthaft nachfragen: „Möchten Sie, dass ich Ihrem Sohn das Toben verbiete?"

Kommunizieren die Eltern zwar vordergründig sachlich, hört die Lehrer/in aber die Ebene der Selbstoffenbarung heraus, kann sie statt eines Vorwurfes die Sorge der Eltern wahrnehmen und ausdrücken: „Ich höre daraus, dass Sie sich Sorgen um Ihr Kind machen, ist das richtig?"

Manchmal wird ein Gespräch überwiegend auf der Sachebene geführt. Wenn Sie die Gefühle der Familie zu den Themen kennenlernen wollen, können Sie das Gespräch auf die Selbstoffenbarungsebene bringen. Beispielsweise: „Ich denke, die Sachlage ist nun allen klar. Da sind wir uns einig. Mich interessiert, wie es Ihnen mit diesem Thema gefühlsmäßig geht. Ist es eine Belastung für Sie?" Oder: „Ich mache mir diesbezüglich Sorgen um Marcel. Wie empfinden Sie das?"

Haben Sie das Gefühl, Sie werden auf der Beziehungsebene angegriffen, überprüfen Sie, ob die Eltern das wirklich gemeint haben, oder ob Sie die Worte aus anderen Situationen kennen (Beispielsweise aus Ihrer Kindheit: Hat Ihr Vater/Mutter oder Opa/Oma vielleicht so mit Ihnen gesprochen?) und Sie deshalb emotional reagieren.

Übung 8:
Denken Sie an alltägliche Situationen, z. B. in Ihrer Familie oder im Schulalltag: Auf welchem Ohr hören bzw. reagieren Sie selbst besonders stark? Auf welchem Ohr hören Sie kaum?

Fragen Sie genau nach, wie etwas gemeint ist und reagieren oder interpretieren Sie auf keinen Fall unreflektiert. Sie können nachfragen: „Ich habe das so verstanden, dass ...", „Haben Sie damit gemeint, dass ..." Sie müssen auch immer überprüfen, auf welchem Ohr Sie etwas hören, auf welcher Ebene Sie kommunizieren und in welchem Kommunikationsmuster Sie reden, damit das Gespräch lösungsorientiert geführt wird und Sie die Gesprächsleitung behalten. Finden Sie heraus, auf welchem Ohr Ihr Gesprächspartner überwiegend hört, und nutzen Sie die Vorzüge dieses „Ohres".

Übung 9:
Formulieren Sie für jeden der vier Aspekte eine Aussage zu den folgenden Sätzen, die eine Lehrkraft zu ihrer Kolleg/in oder Schüler/in sagt:
„Du hast schon wieder deine Hausaufgaben nicht dabei!"
„Oh, du hast eine neue Brille!"
„Du bist spät dran."

Zusammenfassung
▸ Jede Nachricht hat vier Seiten beim Sprechen.
▸ Jede Nachricht hat vier Seiten beim Hören.
▸ Statt unreflektiert zu interpretieren, ist es wichtig nachzufragen.
▸ Überprüfen Sie, auf welcher Ebene Sie reagieren.

1.7 Das aktive Zuhören

Das gute, aktive Zuhören ist die erste Voraussetzung für ein gutes Gespräch. Nur dadurch ist es möglich, wirklich zu verstehen, worum es geht und gemeinsam mit dem Gesprächspartner dem Thema auf den Grund zu gehen. Beim „aktiven Zuhören" – ein Begriff, den Thomas Gordon geprägt hat – hören Sie besonders auf die Selbstoffenbarung einer Aussage. Ebenso achten Sie auf die Körpersprache und den Tonfall und erfahren durch den Gesamteindruck, worum es Ihrem Gesprächspartner geht. Hierbei ist es wichtig, dass Sie – wie oben beschrieben – Ihre eigenen Werte und Meinungen zurückstellen, dann können Sie sich voll und ganz auf Ihr Gegenüber einlassen. Beim aktiven Zuhören fühlen Sie sich in den Gesprächspartner ein und versuchen ihn zu verstehen. Sie akzeptieren seine Sichtweise und geben ihm Zeit, sein Problem ausführlich darzustellen. Der Gesprächspartner fühlt sich durch diese Haltung verstanden und angenommen. Er wird nicht bewertet und muss sich nicht verteidigen, sondern kann frei reden. Er kann sich durch Ihre Fragen und Rückmeldungen seinem Problem aus verschiedenen Perspektiven nähern und mit Ihrer Unterstützung einen adäquaten Lösungsweg erarbeiten. (In der Beschreibung des Problems liegt die Lösung des Problems.)

Beim aktiven Zuhören hören Sie nicht nur einfach still zu, sondern „spiegeln" die Aussagen, d. h., Sie geben eine Rückmeldung darüber, was Sie aus dem Gesamtbild verstanden haben. Dafür ist es unerlässlich, die eigenen Gefühle zurückzustellen. Diese hindern Sie daran, sich auf Ihr Gegenüber wirklich einzulassen. Hier kommt wieder das im Kapitel 1.6.2 beschriebene Kommunikationsquadrat von F. Schulz v. Thun zum Tragen. Sie hören die Sachaussage, spüren der Selbstoffenbarung nach und nehmen den Gesprächspartner auf der Beziehungsebene an.

Es ist wichtig, die Rückmeldung offen zu formulieren, sodass der Gesprächspartner diese ggf. korrigieren kann. „Sie sind ärgerlich" wäre z. B. die falsche Formulierung, weil es als Tatsache ausgesprochen wird und nicht als Angebot oder Nachfrage. Korrekt formuliert heißt es: „Es klingt so, als ob Sie ärgerlich sind?"

Manchmal scheint die Körpersprache den Worten zu widersprechen. Wenn Sie dieses Gefühl haben, ist es sinnvoll, dieses zu benennen: „Sie sagen, dass Sie mit der Situation glücklich sind. Dabei schauen Sie eher traurig. Auf mich wirkt es so, als seien Sie nicht so ganz glücklich damit."

Sie begleiten die Familie oder die Schüler/in durch aktives Zuhören unterstützend bei ihrer eigenen Lösungsfindung (siehe Formular 1: Die 10 Gebote des aktiven Zuhörens).

1.8 Ich-Botschaften – Du-Botschaften

„Immer kommst du zu spät!", „Nie räumst du auf!" Dieses sind sogenannte Du-Botschaften. Sie sind oft abwertend und greifen die andere Person an. Auf Vorwürfe reagieren Menschen mit einer Abwehrhaltung, sie ziehen sich zurück und versuchen, sich zu verteidigen, eine fruchtlose Diskussion entsteht, die wahrscheinlich in einem Streit endet. Beschimpfungen und Vorwürfe beginnen mit einem Du und sagen auf den ersten Blick ausschließlich etwas über den anderen aus und nichts über den Sender der Botschaft. „Du hast ja keine Ahnung!", „Du kapierst das sowieso nicht!", „Du hast ja sowieso keine Hausaufgaben gemacht!", „Sie haben ja doch keine Ahnung von Schülern!" Natürlich sagen diese Äußerungen auch etwas über den, der sie ausspricht. Auf der Selbstoffenbarungsebene (s. Kapitel 1.6.2) teilt der verbale Angreifer durchaus etwas über sich selbst mit, z. B. Sorge, Angst, Unsicherheit, Wunsch nach Aufmerksamkeit usw.

Die Du-Botschaften beginnen nicht immer mit einem Du. Auch diese Aussage ist vorwurfsvoll und anklagend: „Es ist schlecht für Ihr Kind, wenn Sie es immer zu spät in die Schule schicken."

Sprechen wir in der Ich-Form mit einem Menschen, greifen wir nicht an und sind ebenfalls nicht angreifbar. Dadurch, dass wir mit Ich-Botschaften zum Ausdruck bringen, wie es uns geht, machen wir dem anderen keinen Vorwurf. Er muss sich demzufolge nicht rechtfertigen oder uns als Abwehrreaktion angreifen. Worte wie „immer", „wieder" und „nie" sind zu vermeiden, weil sie verallgemeinern, auf zurückliegende Ereignisse anspielen und den Gesprächspartner angreifen.

Bezüglich des Kommunikationsquadrates (vgl. Kapitel 1.6.2) äußern wir uns auf der Selbstoffenbarungsebene.

Beispiel für eine Ich-Botschaft:
Ein Kind kommt eine Stunde später als verabredet nach Hause. „Ich bin froh, dass du da bist! Ich habe mir Sorgen gemacht und mich darüber geärgert! Ich finde es wichtig, dass du pünktlich bist, weil ich mich auf dich verlassen möchte!"

Solche Botschaften werden „Ich-Botschaften" genannt. Es ist wichtig, die echten, ehrlichen Gefühle zu benennen. Verwenden Sie keine Floskeln wie „Das ist mir alles zu viel.", „Das regt mich auf.", „Das macht was mit mir." Es ist unmöglich, dass „etwas was mit Ihnen macht". Es ist immer Ihr Gegenüber, welcher Sie wütend macht oder ärgern kann, indem er einen „wunden Punkt" bei Ihnen trifft. Sie kennen das doch sicher: Worte, die Ihre Kolleg/innen total aufregen, lassen Sie selbst unberührt. Andererseits werden Sie wütend oder ärgerlich über Worte oder Verhaltensweisen, z. B. von Schüler/innen, aber sicher auch von Kolleg/innen, Eltern, Familienmitgliedern, die wiederum andere Menschen nicht aufregen. Hier kommt wieder die Selbstreflektion ins Spiel: Fragen Sie sich, was Sie an dem Verhalten, an den Worten so ärgert. Welcher Punkt, evtl. in Ihrer Vergangenheit, welche Ihrer Erfahrungen, die Sie gemacht haben, wird angesprochen und löst die heftigen Gefühle aus. Wenn Sie das wissen, können Sie das Verhalten oder die Worte noch einmal überprüfen und in einem neuen, nämlich dem aktuellen Zusammenhang sehen. Sie werden feststellen, dass Sie die Situationen trennen können und wahrscheinlich eine andere Reaktion, ein anderes Gefühl spüren.

Oder Sie sagen: „Das macht mich ganz betroffen", dabei sind Sie so richtig wütend. Ihr Gegenüber bemerkt, dass Ihr wahres Gefühl ein anderes ist als das, welches Sie verbal beschrieben haben. Das führt zu Irritationen, weil der Hörende verunsichert ist: er / sie sagt, dass er / sie betroffen ist, der Tonfall und der Gesichtsausdruck fühlen sich aber anders, eher wütend an. Was soll ich denn nun glauben? Worauf soll ich reagieren? Da dies alles in Bruchteilen von Sekunden, meist auch noch unbewusst passiert, ist ein Missverständnis oder Streit oft die Folge.

Es ist sinnlos und kontraproduktiv, wenn Gefühle vorgetäuscht werden, um eine Du-Botschaft als vermeintliche Ich-Botschaft zu äußern. Der Gesprächspartner empfindet die Diskrepanz und reagiert auf der Beziehungsebene.

Beispiel für eine Du-Botschaft:
Der Mann kommt nachts zwei Stunden später als verabredet nach Hause. Sie sagt:
„Ich konnte nicht einschlafen, weil du nicht pünktlich nach Hause gekommen bist!"

Mit dieser Aussage wird ein Vorwurf gemacht, auch wenn sie mit „Ich" beginnt. Der Mann wird sich rechtfertigen und / oder seine Frau angreifen. „Ich stand im Stau. Ich kann ja schließlich nichts dafür, dass du nicht schläfst!" Kennt sich der Mann glücklicherweise mit Ich-Botschaften aus, könnte er die Situation entspannen, indem er antwortet: „Es tut mir leid, dass du nicht schlafen konntest. Hast du dir Sorgen um mich gemacht? Ich rufe dich nächstes Mal kurz an, wenn es später wird, o.k.?"

Wenn sich jemand unangemessen verhält, sollten Sie ihm sagen, um welches Verhalten es geht, wie Sie sich dabei fühlen und welche konkreten Auswirkungen das beschriebene Verhalten auf Sie hat. Erinnern wir uns an das Beispiel und betrachten wir, wie der Vater formuliert: „Das gibt es ja wohl gar nicht! Die Schüler gehen über Tische und Bänke, und es ist keine Aufsicht da. In der Pause ist auch nie eine Aufsicht da! So geht das nicht!" Der Vater spricht in Du-Botschaften und greift die Lehrer/in an, macht ihr Vorwürfe. Reagiert die Lehrer/in nun mit Ich-Botschaften, nimmt sie den Vater ernst und bringt auf angemessene Weise ihre Meinung zum Ausdruck. „Ich habe den Eindruck, Sie machen sich Sorgen um Max. Ich möchte gern heute Mittag oder Nachmittag mit Ihnen darüber sprechen. Im Moment habe ich dafür keine Zeit, weil ich nun mit dem Unterricht beginne."

Achten Sie auf nonverbale Sprache (Mimik, Gestik). Wenn Ihnen dabei Unstimmigkeiten auffallen (Ihr Gegenüber sagt lächelnd: „Ich bin so wütend"), benennen Sie es z.B. mit den Worten: „Mich macht gerade stutzig, dass Sie sagen, Sie seien wütend, aber Sie lächeln dabei freundlich." Oder: „Ich habe das Gefühl, da stimmt etwas nicht, weil Sie das so freundlich sagen." Oder: „Könnte es sein / Ich habe das Gefühl, dass Sie das zwar so sagen, aber anders empfinden."

Übung 10:
Formulieren Sie folgende Sätze in Ich-Botschaften um:
„Du bist – wie immer – zu spät!"
„Nie räumst du deine Sachen weg, immer muss ich das machen!"
„Wenn Sie es nicht schaffen, Florian früher in die Schule zu schicken, verpasst er immer den Unterrichtsbeginn."

Zusammenfassung
▸ Du-Botschaften werten ab, greifen an und verhindern ein konstruktives Gespräch.
▸ Mit Ich-Botschaften bleibt der Sprecher bei sich.

1.9 Das kleine Wort „nicht" oder: positive Formulierung

Das menschliche Gehirn kann das Wort „nicht" nicht verarbeiten. Die Aufforderung: „Denk bloß nicht ans Rauchen" oder „Denk bei deiner Diät nicht immerzu ans Essen" funktioniert nicht. Da das Gehirn „nicht" nicht wahrnimmt, wird nur Rauchen bzw. Essen registriert und somit das Gegenteil erreicht. Schon hat man das Wort, welches man vermeiden will, im Kopf. Für alle Aufforderungen gilt deshalb: Positiv formulieren, sonst bleibt die Negativformulierung hängen. Meistens höre ich allerdings die Formulierungen mit „nicht": „Seid nicht so laut.", „Seid nicht so unruhig.", „Sei doch nicht so nervös.", „Verlasst den Schulhof nicht!", „Du brauchst keine Angst vor der Klassenarbeit zu haben.", „Dass ihr mir ja keine Zigarette in der Pause raucht" ist auch eine negative Formulierung. Selbst wenn anstelle von „nicht" das Wort „kein" verwendet wird, bleibt der Effekt derselbe.

Beispiel:
„Seid doch nicht so laut!"
Besser: „Seid bitte leise."
„Lasst nicht ständig die Tür auf!"
Besser: „Macht die Tür hinter euch zu."
„Du sollst nicht während des Unterrichts auf die Toilette gehen."
Besser: „Bitte gehe während der Pause auf die Toilette."
„Tuschel nicht mit deinem Tischnachbarn."
Besser: „Sei jetzt bitte still."

Das kennen Sie vielleicht auch von der „sich selbst erfüllenden Prophezeiung". Durch eine negative Formulierung wird ein Ereignis vorhergesagt bzw. provoziert. Manchmal bringt man jemanden erst durch die Aussage auf die Idee, genau das zu tun, was er gerade nicht tun soll.

Beispiel:

Ein Junge klettert auf den Fenstersims. Ruft die Mutter: „Fall bloß nicht runter!", wird das Kind irritiert und erst darauf gebracht, dass es fallen könnte (dies hatte er bis dahin gar nicht vor). Noch extremer ist der Satz: „Pass auf, du fällst!" Damit fordert sie ihn nahezu auf, herunterzufallen. Sagt die Mutter ruhig: „Halt dich gut fest!", ist dies eine positive Verstärkung.

Übung 11:

Formulieren Sie folgende Sätze in positive Aussagen um:

„Dass du mir ja nicht das Schulgelände in der Pause verlässt!"

„Lass den Globus nicht fallen!"

„Komm morgen nicht schon wieder zu spät zum Unterricht."

„Kritzel nicht auf deine Tischplatte."

„Sei leise und störe nicht die anderen Kinder."

Zusammenfassung

▸ Das Wort „nicht" wird nicht registriert, deswegen sollten Aufforderungen positiv formuliert werden.

2 Gesprächsformen und Gesprächsverläufe

Mit gutem Beispiel voranzugehen,
ist nicht nur der beste Weg, andere zu beeinflussen,
es ist der einzige.
(Albert Schweizer)

2.1 Gesprächsformen

In der Schule gibt es verschiedene Arten von Gesprächen: Zeugnisgespräche, Halbjahresgespräche, Aufnahmegespräche, Tür-Angel-Gespräche, Konfliktgespräche, Beratungsgespräche, Zeugniskonferenzen, Hilfekonferenzen etc. Die Zusammensetzung der Teilnehmenden ist unterschiedlich. Hauptsächlich führen Lehrkräfte das Lehrer-Schüler-Gespräch, das Lehrer-Eltern-Gespräch und das Schüler-Gespräch.

Mit der Anzahl der Teilnehmenden in einem Gespräch steigt die Anforderung an den Gesprächsführenden. Sie sollten alle Personen im Blick haben, alle mit wertschätzender Aufmerksamkeit und allen aktiv zuhören. Gleichzeitig ist es wichtig, die Körpersprache zu beachten und entsprechend zu reagieren (s. Kapitel 1.6). Natürlich müssen Sie außerdem noch den roten Faden, also das Thema und das Ziel des Gesprächs verfolgen. Schon aus diesen Gründen ist es hilfreich, Gespräche zu zweit zu führen.

Insgesamt ist es wichtig, den Blick immer auf die Kompetenzen des Schülers zu richten. Zeigt das Schulkind signifikante Entwicklungsverzögerungen, mangelnde Schulleistungen, Lese-Rechtschreibschwäche etc., die ein Handeln im Sinne von unterstützenden Hilfsangeboten (Ergotherapie, psychologische Beratung, Nachhilfe, Logopädie, Hausaufgabenbetreuung usw.) nötig machen, müssen die Eltern natürlich darauf hingewiesen werden, damit eine adäquate Unterstützung eingeleitet werden kann. In diesem Fall ist es notwendig, die Auffälligkeiten des Kindes eindeutig und sachlich durch gezielte Beobachtungen erläutern zu können, ohne die Ressourcen und sämtliche Fähigkeiten aus dem Blick zu verlieren. Denn bei den Fähigkeiten des Schulkindes setzt die Unterstützung an. Eltern lieben ihr Kind und sehen es natürlicherweise mit anderen Augen als jemand, der das Kind von außen wahrnimmt. Deshalb ist es wichtig, z. B. Entwicklungsverzögerungen oder Verhaltensauffälligkeiten sachlich und ruhig zu benennen. So fällt es Eltern leichter, die „schlechte" Nachricht aufzunehmen, zu akzeptieren und unterstützende Maßnahmen zu begleiten und einzuleiten. Undenkbar sind Bemerkungen wie: „Das sollte Ihr Sohn eigentlich schon lange können / wissen.", „Also, alle anderen Kinder in seinem Alter, sogar etwas jüngere in meiner Klasse, haben damit keine Schwierigkeiten!", „Das ist doch nicht normal, dass er nicht mal eine Unterrichtsstunde stillsitzen kann.", „Finden Sie es denn nicht auch merkwürdig, dass Ihre Tochter noch nicht lesen kann?!", „Naja, so langsam sollte Nadine das kleine Latinum auswendig können, aber da tut sich ja gar nichts." Auch wenn die Bewertung vordergründig versteckt zu sein scheint, so ist sie doch deutlich spürbar. Sätze solcher Art sind abwertend und vergleichend und verletzen die Eltern. Auf diese Weise kann ein Elterngespräch nicht professionell, effizient und zielfördernd durchgeführt werden.

Die Termine richten sich sowohl nach den Arbeitszeiten der Lehrer/in als auch nach den Arbeitszeiten der Eltern. Es sollte mindestens eine halbe bis eine Stunde pro Gespräch eingeplant werden. Je nachdem, ob es eine kurze jährliche Leistungsbesprechung ist oder ob es Schwierigkeiten im Lernverhalten oder sonstiger Art gibt. Zusätzliche Zeit wird für die Reflexion bzw. Vorbereitung auf das nächste Gespräch benötigt. Die Fragen bzw. Inhalte werden vorher schriftlich fixiert. Während des Gesprächs ergänzt die Lehrer/in diese Ausführungen. Das Protokoll wird dann abgeheftet. Es gibt verschiedene Möglichkeiten, die Termine anzusetzen:

- Als Elternsprechtag: Dazu wird eine Liste mit Terminen ausgehängt.
  Die Eltern tragen sich dann ein, wann es ihnen am besten passt.
- Als individuell abgesprochener Termin nach den zeitlichen Möglichkeiten der Lehrer/in und der Eltern
- Zur Auswahl: Die Lehrer/in bietet an zwei Nachmittagen Termine an.
  Es hängt eine Liste aus, in die sich die Eltern eintragen.

Haben Sie schon einmal überlegt, wann ein Elterngespräch beginnt?

Na klar, werden Sie sagen. Mit der Begrüßung natürlich, ich heiße die Eltern und den Schüler willkommen und biete ihnen einen Platz an.

Dann sind Sie aber schon mittendrin!

Wenn Sie die Eltern oder die Schüler/in ansprechen, um einen Termin abzusprechen, stellen Sie die ersten Weichen für den Verlauf des Elterngesprächs. Die Eltern ziehen Rückschlüsse auf den Inhalt des Gespräches aus der Art, wie Sie die Einladung formulieren. Deshalb ist eine gründliche und detaillierte Vorbereitung und Planung eines Elterngesprächs unerlässlich.

Einen wichtigen Aspekt, der wahrscheinlich oft in Vergessenheit gerät, möchte ich unbedingt erwähnen: Alle Eltern haben ihre eigenen Erfahrungen mit Lehrer/innen in ihrer Schulzeit gemacht. Treffen sie nun wieder durch ihre schulpflichtigen Kinder auf Lehrkräfte, fühlen sich manche Eltern wieder in ihre eigene Schulzeit zurückversetzt. Sie erinnern sich an das Gefühl, welches sie ihren Lehrer/innen gegenüber hatten und verhalten sich entsprechend. Sie schlüpfen – zumindest teilweise – in die Rolle des Schulkindes von damals und nehmen Sie gleichzeitig entsprechend als Lehrkraft wahr. Auch wenn die Erinnerungen positiv sind, können Sie in einer solchen Konstellation kein Gespräch von Erwachsenen-Ich zu Erwachsenen-Ich (s. auch Eric Berne) führen. Die Eltern können in bestimmten Situationen z. B. auf bestimmte Worte oder Gesten aus ihrem damaligen Schul-Kind-Ich heraus agieren und reagieren und sprechen Sie als Erwachsenen-Ich an. Solche Eltern sitzen Ihnen nicht als erwachsene Eltern gegenüber, sondern verhalten sich zeitweise als frühere Schüler/in.

Und natürlich gab es schon immer und gibt es noch solche und solche Lehrer/innen. Es gibt sie, die wohlwollenden Lehrer/innen

- mit einer natürlichen Autorität.
- die ihre Macht nicht ausspielen müssen.

- ▸ die den Unterricht ansprechend, fordernd und interessant gestalten.
- ▸ an deren Lippen die Schüler/innen hängen.
- ▸ die streng sind, ohne lieblos und hart zu sein.
- ▸ die ein offenes Ohr für die Sorgen und Wünsche ihrer Klasse haben.
- ▸ die beliebt sind bei Schüler/innen, Eltern und Kolleg/innen.
- ▸ die pädagogisch und psychologisch gut geschult sind.
- ▸ die fundierte Kenntnisse in Kommunikation besitzen.
- ▸ die ein gutes Gespür für Gruppenprozesse haben, ohne Individualitäten aus dem Blick zu verlieren.

Es gibt aber auch die griesgrämigen Lehrer/innen,
- ▸ die ihre nicht natürliche Autorität durch Macht beweisen müssen und wollen.
- ▸ die den Schüler/innen gegenüber relativ gleichgültig sind.
- ▸ die ihren Unterricht durchziehen („Das mache ich seit Jahren so"), egal, ob die Schüler/innen etwas lernen oder nicht.
- ▸ die unsensibel und desinteressiert an den Sorgen und Wünschen ihrer Klasse sind.
- ▸ die ihre Macht ausspielen, z. B. über Zensuren.
- ▸ die streng, hart, unnachgiebig sind.
- ▸ die unbeliebt bei Schüler/innen, Eltern und Kolleg/innen sind.
- ▸ die keine Empathie haben.
- ▸ die kaum Kenntnisse und auch kein Interesse an Kommunikation haben.
- ▸ die das Gefühl haben, alle Schüler/innen sind gegen sie und das mit voller Absicht.

Wenn nun die Eltern Ihrer Schüler/innen ihre Erfahrungen überwiegend mit Lehrer/innen der zweiten Kategorie gemacht haben, haben Sie als Lehrkraft zunächst einmal „schlechte Karten". Die alten Erfahrungen von damals werden oft zunächst auf alle aktuellen Lehrer/innen projiziert. Alle Lehrer/innen sind schlecht. „Mein Mathelehrer hatte es damals auch auf mich abgesehen, genauso läuft es jetzt bei meinem Sohn. Da hat er einfach keine Chance!" Besonders schlimm ist es, wenn sich ihr Vorurteil bestätigt, was durchaus passieren kann, denn es gibt ja auch (wenige) griesgrämige Lehrer/innen. Dann sind die Befürchtungen sogar berechtigt. Bei meiner Recherche bin ich auf einige Aussagen gestoßen, die Lehrer/innen den Schüler/innen und Eltern gegenüber gemacht haben, die bestenfalls demotivierend, aber auch abwertend, ignorant bis beleidigend waren. „War ja klar, dass Du das nicht kapierst.", „Gib es auf, Du lernst es nie!", „Die fünf hast Du Dir redlich verdient mit Deiner Faulheit!", „Der Unterricht hier ist kein Wunschkonzert.", „Ach, wissen Sie: ich unterrichte schon seit 25 Jahren auf diese Weise, erzählen Sie mir nicht, wie das geht.", „Wenn Sie Ihre Tochter nicht bei den Hausaufgaben unterstützen, sondern sie den ganzen Tag fernsehen lassen, kann das ja nichts werden.", „Mein Unterricht soll langweilig sein? Ha, ich mache das seit 10 Jahren so und es hat sich noch niemand beschwert. Ihr Sohn ist einfach völlig desinteressiert!", „Bin ich hier der Lehrer oder Sie, hab ich studiert oder Sie?"

Eine solche Bestätigung und negative Verstärkung der alten Erlebnisse macht es Lehrkräften, die ehrliches Interesse am Schulkind haben, natürlich schwerer, einen positiven Kontakt herzustellen. In dem Fall sollten Sie bei sich bleiben, sich nicht rechtfertigen, sondern sachliche Argumente anführen. Sprechen Sie die Eltern auf der Erwachsenen-Ebene an, heben Sie hervor, dass Sie nicht der Lehrer von damals sind und über die heutige Situation des Kindes sprechen möchten. Gleichwohl ist es gut, Verständnis zu signalisieren. „Sie haben offenbar in der Vergangenheit sehr schlechte Erfahrungen mit Lehrer/innen gemacht, da verstehe ich sehr gut, dass Sie skeptisch sind. Aber jetzt bin ich der Klassenlehrer für Ihren Sohn und ich bitte Sie um die Chance einer guten Zusammenarbeit. Gerne erkläre ich Ihnen meine pädagogischen Grundsätze und meine Grundhaltung den Schüler/innen und Eltern gegenüber. Ich hoffe, Sie können Ihre schlechten Erlebnisse ein wenig beiseite legen und Platz für neue, positivere Erfahrungen machen."

2.1.1 Das Lehrer-Schüler-Eltern-Gespräch

Bei der Vorbereitung eines Gesprächs sollten Sie überlegen, wer an dem Gespräch teilnehmen soll. Vielfach sind die Schüler/innen automatisch dabei. Dies ist nicht immer sinnvoll. Es kann durchaus Themen geben, die Sie besser zunächst mit den Eltern allein oder auch mit der Schüler/in allein besprechen. Es kommt darauf an, ob der Schüler zu dem Thema wirklich etwas beitragen kann, ob seine Äußerungen genauso wichtig sind, wie die der anderen. Manchmal geht es um Themen, bei denen die Schüler/in nur daneben sitzen und zuhören kann. Auch dies kann u.U. sinnvoll sein, damit sie erlebt, welche Menschen sich welche Gedanken um sie machen. Auch das Zuhören hat seine Wirkung. Wenn das Schulkind allerdings nur daneben sitzt und sich langweilt, ist es besser, das Gespräch zunächst nur mit den Eltern zu führen.

Ein Vorteil eines gemeinsamen Gespräches ist, dass alle Beteiligten auf dem gleichen Informationsstand sind und Verabredungen u.U. für weitere Maßnahmen (z. B. Kontrolle der Hausaufgaben, regelmäßiges Erscheinen zum Unterricht) und Unterstützungsangebote (z. B. Nachhilfe) verbindlich in die entsprechende Verantwortung übergeben werden. Die Ernsthaftigkeit und Transpararenz ist für manche Schüler/in oder auch die Eltern ein Aha-Erlebnis, durch das z. B. die tatsächliche Lernsituation oder der Leistungsstand erst zur Realität wird.

Sind Eltern und Schüler/in bei dem Gespräch, sollten natürlich auch alle zu Wort kommen und gleichermaßen ernst genommen werden. Ein konstruktiver Dialog kann nur auf Augenhöhe geführt werden, wenn alle Personen mit Wertschätzung und Anerkennung respektiert werden.

Die Gefahr bei mehreren Teilnehmenden ist, dass Sie als Gesprächsführende eine Person aus dem Blick verlieren. Die Ursachen sind unterschiedlich: vielleicht redet eine Person viel, das Thema interessiert einen Teilnehmenden weniger, jemand braucht länger, um Worte zu finden, die Fragen werden hauptsächlich an eine Person gerichtet, einem ist das Thema unangenehm etc. Die Wirkung ist aber immer die gleiche: Die Person, die Sie „verloren" haben, wendet sich ab, schaltet ab, entfernt sich innerlich aus dem Raum, fängt vielleicht an zu stören, zu gähnen, gelangweilt aus dem Fenster zu schauen, hampelt herum, steht vielleicht sogar auf, redet dazwischen etc. Sie selbst werden noch weitere Möglichkeiten kennen. Wenn Sie solche Reaktionen bemerken, sollten Sie sofort reagieren und denjenigen wieder zurück ins Gespräch führen. Sie können ihre Wahrnehmung äußern, zur Schüler/in beispielsweise: „Ich habe den Eindruck, dass dich das Ganze hier langweilt, weil du gähnst und aus dem Fenster schaust. Ist es so?" Wenn ja: „Hast du die letzten Sätze mitbekommen? Wie siehst du das denn? Hast du den gleichen Eindruck wie deine Eltern?" Oder zum Vater: „Ich habe den Eindruck, Sie sind in Gedanken ganz woanders. Stimmt das?", „Sind Sie der gleichen Meinung wie Ihr Sohn, oder haben Sie ganz andere Ideen dazu?"

Alle Ausführungen gelten für beide Gesprächsarten.

Zum Halbjahreszeugnis im Februar finden Lehrer-Schüler-Eltern-Gespräche statt. Hier geht es darum, den aktuellen Leistungsstand und die Lernsituation der Schüler/in zu besprechen. Nicht immer entsprechen die Leistungen der Schüler/in den Erwartungen der Eltern. Dann ist ein professionell geführtes Gespräch besonders wichtig, um Überreaktionen der Eltern vorzubeugen oder abzumildern. Deklarieren Sie das Zeugnis im Februar als Zwischenstandsbericht der Zensuren nach dem ersten Halbjahr. Nutzen Sie es zum gemeinsamen bilanzieren, um daraus ableitend – falls notwendig – unterstützende Maßnahmen zu initiieren. Natürlich beginnen Sie nicht gleich mit den Defiziten der Schüler/in, sondern richten den Blick zunächst auf die Bereiche, in denen die Schüler/in gute Leistungen bringt oder lassen zunächst die Eltern erzählen, wie sie ihr Kind wahrnehmen. „Sie kennen Ihre Tochter Maria ja sehr gut. Sie haben sie vielleicht bei den Hausaufgaben begleitet und die Noten der Klassenarbeiten gesehen. Erzählen Sie doch bitte zunächst, wie Sie Ihre Tochter als Schülerin im letzten halben Jahr in Bezug auf die Schule erlebt haben" (siehe auch Kapitel 2.2.3). Dabei hören Sie aktiv zu und reagieren ermunternd mit Mimik, Worten und Gestik auf die Ausführungen der Eltern. Dadurch fällt es den Eltern leichter, sowohl von Ihren Freuden über gute Noten als auch von Ihren Sorgen, Nöten oder gar Verzweiflung, z. B. über schlechte Noten oder die Weigerung Ihres Kindes, Hausaufgaben zu machen, zu erzählen. Damit Eltern sich ernst genommen fühlen, sollten Sie nur danach fragen, was für das Thema relevant ist. Es ist unfair, Eltern erst mal ganz harmlos alles Mögliche, überwiegend Positive von ihrem Kind zu berichten und ihnen anschließend lediglich katastrophale Leistungen / schlechtes Verhalten zu präsentieren. Eltern fragen sich dann zu Recht, warum Sie sie zunächst „in Sicherheit wiegen". Sind die Leistungen der Schüler/in nicht erwartungsgemäß, ist eine wertschätzende Haltung und eine sachliche, ehrliche, wertfreie Bilanzierung unterstützend. Beschönigen Sie nichts, z. B. mit „Na, das wird schon wieder", wenn Sie selbst nicht glauben, dass es von allein wieder besser wird. Manche Menschen bemängeln etwas, beklagen sich, machen Vorwürfe oder beschweren sich über etwas und ertragen dann die Reaktion so schlecht, dass sie alles wieder rückgängig machen wollen mit den Worten: „Naja, aber so schlimm ist es ja gar nicht.", „Das kriegen wir schon wieder hin.", „Machen Sie sich mal keine Sorgen, das Problem haben andere auch." Dies ist fatal, weil Sie sich dadurch unglaubwürdig machen und Ihr Gegenüber verwirren. Erst werden die ganzen Probleme, das Fehlverhalten und schlechte Leistungen auf den Tisch geknallt und dann ist es doch nicht so schlimm? Da hat Ihr Gegenüber das Gefühl, dass etwas nicht stimmen kann. Er ist irritiert und denkt sich: „Was denn nun? Ist es so schlimm oder nicht?", „Ist die Versetzung meiner Tochter nun gefährdet oder nicht?" Bei der Vorbereitung können Sie überlegen, was Sie den Eltern und der Schüler/in mitteilen wollen und müssen und welche Formulierungen für alle Beteiligten unterstützend und zielfördernd sind.

Insbesondere bei Erstklässlern geht es auch darum, zu schauen, wie das Schulkind in der Schule und in der Klasse angekommen ist. Hat es Freunde gefunden, ist es in die Klassengemeinschaft integriert, ist sein Entwicklungstand altersgemäß. Manchmal ist das Gespräch anlässlich des ersten Halbjahreszeugnisses das erste ausführliche Gespräch zwischen Lehrer/in und Eltern, wenn nämlich im Vorfeld noch kein Aufnahme- bzw. Übergangsgespräch stattgefunden hat. Dafür habe ich einen Fragebogen entwickelt, der speziell für das erste Gespräch zu nutzen ist. Hier wird der Schwerpunkt noch nicht auf die Leistungen, sondern auf den sozialen Aspekt gelegt, z. B. die Integration in die Klassengemeinschaft. Im Folgenden gibt es Fragebögen für Halbjahresgespräche. Diese sind für jeden Gesprächsteilnehmer zur Vorbereitung vorgesehen. Die Fragebögen sollen allen Beteiligten rechtzeitig vor dem Gespräch ausgehändigt werden (siehe Formular 2: Fragebögen für Lehrer-Schüler-Eltern-Gespräche).

2.1.2 Das Übergangsgespräch

Wie bereits oben beschrieben, wird in einigen Bezirken der Übergang von der Kita in die Schule von Erzieher/innen und Lehrer/innen gemeinsam professionell gestaltet. Hier finden neben begleiteten Besuchen in der Schule auch gemeinsame Elterngespräche vor der Einschulung statt. Ich bezeichne diese als Übergangsgespräche. Dieses Vorgehen erleichtert allen Beteiligten die Einschulung und den Start in die Schullaufbahn. Die Kinder lernen sowohl die für sie neuen Räumlichkeiten in der Schule kennen als auch ihre neue Bezugsperson, die Klassenlehrer/in. Das Gleiche gilt natürlich auch für die Eltern. Für die Lehrkraft ist es von großem Vorteil sowohl das Kind als auch die Eltern bereits vor dem ersten Schultag zu kennen. Sie kann die Integration der Einzelnen in die Klassengemeinschaft leichter fördern und die Kinder individuell beim Lernen unterstützen, da sie einige Eigenarten, Vorlieben und Abneigungen ihrer neuen Schüler/innen bereits kennt. Die Eltern haben bereits in der Kita Elternarbeit, Elterngespräche, Elternabende kennengelernt und sind mit einigen Abläufen vertraut.

Es ist für sie hilfreich, wenn die vertraute Erzieherin den Übergang für sie selbst und ihr Kind begleitet. Die Erzieher/in „räumt ihren Platz", indem sie „ihr" Kindergartenkind mit dessen Familie der Lehrer/in übergibt. Dadurch hat die Lehrkraft eine Art Vertrauensvorschuss, denn dieser Erzieher/in haben die Eltern ihre Kinder vor einiger Zeit anvertraut und gute Erfahrungen gemacht. Wenn diese Vertrauensperson nun den Übergang begleitet, fällt es den Familien leichter der neuen, fremden Lehrkraft ebenfalls ihr Vertrauen zu schenken. Die Lehrkraft kann auf die vorhandenen Kenntnisse der Familie aufbauen und den Dialog konstruktiv fortsetzen. Für die Erzieher/in ist es schön zu sehen, in welche Schule, und welchen Klassenraum die Kinder ihrer Gruppe wechseln und von der Lehrer/in auch später noch zu hören, wie es den Kindern geht. Auch wird es als gegenseitige Wertschätzung empfunden, wenn Informationen ausgetauscht werden und in die Schule mit einfließen.

Einige hatten die Sorge, dass Vorurteile sich aufbauen, ausgeweitet und fortgesetzt werden, z. B. über Entwicklungsverzögerungen, familiäre Umstände, Verhaltensauffälligkeiten etc. Dies hat sich in der Regel nicht bestätigt. Sowohl Erzieher/innen als auch Lehrer/innen sind professionell genug, um sensibel und das Kind unterstützend mit den Informationen umzugehen. Jede Lehrkraft macht sich – trotz der Vorkenntnisse – ein eigenes Bild vom jeweiligen Kind und empfindet es als hilfreich, beispielsweise zu wissen, worauf ein Kind gut anspricht, oder eben auch gerade nicht. Das müssen sie dann nicht alles mühsam selbst herausfinden, sondern können auf den Erfahrungen der Erzieher/in aufbauen.

Das Übergabegespräch findet sinnvollerweise vor den Sommerferien statt. Während des individuellen Übergabegespräches werden notwendige Informationen bezüglich des Kindes und des Schulalltages ausgetauscht, z. B. darüber, was das Kind (nicht) mitbringen soll, welche Vorlieben das Kind hat, ob es Allergien hat usw. Im Folgenden finden Sie jeweils einen Fragebogen, den Sie als Grundlage für ein solches Gespräch nutzen können. Die ausgefüllten Bögen werden im Portfolio des Kindes abgeheftet.

Dieses erste individuelle Gespräch mit der Familie ist eine sehr gute Gelegenheit für die Lehrer/in, den Eltern durch Professionalität Sicherheit und Vertrauen zu geben. Indem die Lehrer/in sich gemeinsam mit der Erzieher/in gut vorbereitet hat und selbstsicher bei dem Gespräch auftritt, kann sie den Eltern deren Unsicherheiten nehmen und eventuelle Ängste oder Sorgen mindern. Insbesondere Eltern, deren erstes Kind eingeschult wird, machen sich viele Gedanken darüber, ob ihr Kind mit der Lehrer/in klarkommt, ob die Lehrer/in mit ihrem Kind zurechtkommt (Erkennt sie, wenn mein Kind Angst hat? Kann sie es trösten? Weiß sie, wie mein Kind gut zu motivieren ist? Erkennt sie die Schwächen meines Kindes und unterstützt es entsprechend? Wird sie mein Kind mögen?) oder ob sie selbst und das Kind die Lehrer/in sympathisch finden. Es beruhigt die Eltern, wenn sie einer Lehrer/in begegnen, die in ihren Aussagen eindeutig und in ihrem Auftreten sicher ist, die Zuverlässigkeit und Wärme ausstrahlt, die evtl. bereits Erfahrungen gesammelt hat, von denen sie berichten kann, die Kompetenz und Einfühlungsvermögen besitzt.

Haben die Eltern Vertrauen zu der Lehrer/in gewonnen, gehen sie mit einem guten Gefühl aus dem Gespräch und können der Einschulung – die ja nach dem Kindergarteneintritt nun ein weiterer großer Schritt ist – entspannt entgegensehen (siehe Formular 3: Fragebogen zur Einschulung für Eltern).

2.1.3 Das Konfliktgespräch

In der Schule gibt es immer wieder Konflikte oder Missverständnisse zwischen Eltern, Schüler/innen und Lehrer/in. In solchen Situationen ist es wichtig, dass die Lehrer/in ruhig bleibt, sich nicht persönlich angegriffen fühlt und die Ursache des Problems ermittelt. Dies ist nicht immer ganz leicht, aber der einzige Weg, den Konflikt zu klären. Fühlt sich die Lehrer/in persönlich angegriffen (Beziehungsebene siehe Kapitel 1.6.2), kann sie nicht mehr sachlich reagieren, fällt vielleicht in ihr vertrautes Stresskommunikationsmuster (siehe Kapitel 1.6.1) und verschärft ungewollt den Konflikt.

Sicher ist es manchmal schwer, ruhig und sachlich zu bleiben. Wenn Sie versuchen, sich in die Eltern einzufühlen und zu verstehen, worum es ihnen im Grunde geht, fällt es Ihnen leichter, angemessen zu reagieren. Überprüfen Sie die Aussage der Eltern anhand des Kommunikationsquadrates (siehe Kapitel 1.6.2): auf welcher Ebene senden sie ihre Botschaft, auf welchem Ohr hören Sie selbst die Botschaft? Das hilft Ihnen, evtl. Angriffe der Eltern anders wahrzunehmen.

Beispiel:
Sie haben einen Schüler in der 9. Klasse, der im Unterricht nicht gut mitarbeitet, er macht seine Hausaufgaben unregelmäßig. Die Eltern des Jungen melden sich bei Ihnen für ein Gespräch an. Sie wundern sich über die schlechten Noten in dem von Ihnen unterrichteten Fach. Während des Gesprächs erläutern Sie den Eltern den Hintergrund der bislang erteilten Noten. Leider treffen Sie auf Unverständnis: „Bei allen anderen Lehrern hat mein Sohn gute Noten, nur bei Ihnen nicht!" Der Vorwurf ist kaum zu überhören. Würden Sie auf dieser Ebene (Vier-Ohren-Modell, s. Kapitel 1.6.2) nicht nur den Vorwurf hören, sondern darauf – wie meistens üblich – mit Abwehr und Rechtfertigung reagieren, setzen Sie eine endlose, ineffektive Diskussion in Gang. Z. B.: „Also, so lange Ihr Sohn sich nicht mehr am Unterricht beteiligt und seine Hausaufgaben regelmäßig macht, kann ich ihm keine besseren Note geben. Vielleicht macht er ja in den anderen Fächern besser mit." Oder: „Vielleicht tut sich Ihr Sohn in Mathe besonders schwer." Die Antwort der Eltern könnte lauten: „Na ja, kein Wunder, dass er nicht mitmacht, wenn Ihr Unterricht so langweilig (oder viel zu kompliziert) ist!" Oder: „Dann können die anderen Lehrer ihn wohl besser motivieren. Sie müssen die Kinder auch motivieren, dann machen sie auch mit!" Darauf würden Sie wieder mit einer Rechtfertigung antworten usw. Solche Diskussionen führen selten zu einer Einigung oder einem Ergebnis.

Die Eltern wollen in der Regel auch keine Erklärungen oder realistische Beschreibungen des Verhaltens ihres Sohnes hören. Meistens wissen sie sehr genau, dass es zumindest auch an ihrem Sohn liegt, wenn die Noten schlecht ausfallen. Und wenn sie das nicht wissen, wollen sie es in der Regel auch nicht hören oder, besser gesagt, wahrhaben. Es ist ja viel leichter, wenn der Lehrer schuld ist und nicht ihr eigener Sohn. Als Lehrkraft können Sie antworten: „Ja, ich weiß, dass Ihr Sohn in den anderen Fächern besser ist. Lassen Sie uns doch mal überlegen, worin ein möglicher Unterschied für Ihren Sohn zwischen den Fächern, in denen er gut ist, und dem Fach Mathe liegen könnte." Oder: „Ja, ich weiß, dass Ihr Sohn in den anderen Fächern besser ist. Machen Sie sich Sorgen oder haben Sie den Eindruck, dass ich Ihren Sohn falsch einschätze (oder: besser fördern könnte)?" Ist der Schüler anwesend, können Sie ihn selbst fragen: „Marcel, was ist für dich ein wesentlicher Unterschied zwischen den Fächern, in denen du gut bist, und Mathe?" Mit zirkulären Fragen (s. Kapitel 4.2.1) können Sie gemeinsam mit der Familie die Ursachen herausarbeiten und daraus Lösungswege entwickeln. Auf diese Weise lenken Sie das Gespräch auf die Ressourcen des Schülers und können ein lösungsorientiertes Gespräch mit einem positiven Abschluss führen.

Sollten sich weder die Eltern noch der Schüler ehrlich auf ein solches Gespräch einlassen, können Sie nur sachlich Ihre Einschätzung zur Lernsituation und dem Leistungsstand des Schülers darstellen. Bleiben die Eltern bei Ihrer Haltung, dass Sie als Lehrer schuld an allem sind, ist ein Fortführen des Gesprächs wenig sinnvoll. Sie können das Gespräch freundlich und sachlich beenden: „Wir haben nun beide unsere Standpunkte ausgetauscht, und ich sehe, dass wir an dieser Stelle verschiedene Meinungen haben, die beiderseits begründet sind. Wir werden uns wohl nicht einigen und müssen den Dissens so stehen lassen. Ich danke Ihnen, dass Sie sich die Zeit genommen haben, mit mir über den Leistungsstand Ihres Sohnes zu sprechen."

Beschweren sich Eltern wie bei unserem Beispiel mit Max (siehe Seite 10, 29), ist aktives Zuhören (siehe Kapitel 1.6) wichtig, um die Hintergründe herausfinden zu können. Lässt sich die Beschwerde dann nicht zufriedenstellend klären, verabreden Sie ein Gespräch, bei dem in Ruhe über alles gesprochen werden kann. Manche Konflikte können gleich – abseits der Kinder – gelöst werden, z. B. indem ein Missverständnis geklärt wird.

Besonders in Konfliktsituationen ist es wichtig, bei sich zu bleiben und in Ich-Botschaften (siehe Kapitel 1.8) zu sprechen. Reden Eltern z. B. in unangemessenem Ton mit Ihnen, können Sie sagen: „Gerne spreche ich mit Ihnen über das Problem / höre ich mir Ihre Beschwerde an. Können wir das in Ruhe im Nebenraum besprechen?" Oder: „Gerne spreche ich mit Ihnen über das Problem / höre ich mir Ihre Beschwerde an. Ich möchte aber nicht, dass Sie mich so angreifen / anfahren / anschreien. Können Sie mir bitte in Ruhe erklären, worum es genau geht?"

Ein Elterngespräch, in dem Sie den Eltern mitteilen müssen, dass ihr Kind entwicklungsverzögert oder auffällig ist, die schulischen Leistungen ungenügend sind, die Versetzung gefährdet ist oder das Kind vom Gymnasium auf die Realschule wechseln muss, wird manchmal als Konfliktgespräch bezeichnet oder empfunden. Dies vor allem, wenn die Lehrer/in den Eindruck hat, dass die Eltern der Überzeugung sind, mit ihrem Kind ist alles in bester Ordnung. Dann müssen Sie mit Widerstand und ungenügender Kooperation bezüglich unterstützender Maßnahmen für das Kind rechnen. Bereiten Sie sich gut vor (siehe Kapitel 2.1). Wenden Sie Ihr Wissen aus diesem Buch an und bedenken Sie die Grenzen, die ein solches Gespräch hat (siehe auch Kapitel 1.1), dann wird das Gespräch positiv verlaufen.

Versuchen Sie nicht, den Eltern Ihre eigene Wahrnehmung bzw. Beobachtung des Kindes aufzuzwingen, es wird nicht gelingen. Gleichwohl teilen Sie den Eltern Ihre Einschätzung und Ihre Handlungsempfehlung mit, ohne diese davon überzeugen zu wollen. Das Wort „überzeugen" sagt es schon: Etwas, das „über" ist, ist zu viel, es ist drüber weg. Es wäre also eine Überzeugung und keine Einsicht oder sogar Akzeptanz, ohne die eine Veränderung unmöglich ist.

Mit einer systemischen Gesprächsführung als Grundhaltung ist die Lehrer/in in nahezu jedem Gespräch, in jedem Kontakt den Eltern gegenüber wertschätzend, zugewandt und offen interessiert. Sie bleibt bei sich, greift die Eltern nicht an und kann so auch in Konfliktsituationen professionell reagieren. Und gelingt dieses einmal nicht, gibt es immer eine zweite Chance und die Lehrer/in kann die Eltern am nächsten Tag noch einmal ansprechen und so eine Klärung herbeiführen. „Guten Morgen Frau Meier. Sie haben mich gestern angesprochen. Ich war etwas gestresst und überrascht von Ihrem Anliegen, deshalb habe ich etwas überreagiert. Das tut mir leid. Ich habe inzwischen darüber nachgedacht und denke, dass das Problem schwer zwischen Tür und Angel zu klären ist. Sind Sie einverstanden, wenn wir uns am Montagnachmittag zusammensetzen und in Ruhe darüber reden?"

Beispiel:
Ein Schüler macht seine Hausaufgaben nur selten. Er beteiligt sich kaum am Unterricht. Seine Noten fallen dementsprechend schlecht aus, seine Zulassung zum Abitur ist gefährdet. Zum Gespräch erscheint der Vater, Herr Albrecht. Der Schüler sitzt gelangweilt dabei und verhält sich relativ ruhig und ist offensichtlich desinteressiert (schaut aus dem Fenster, schaut zur Uhr, gähnt, räkelt sich auf seinem Stuhl, wirkt abwesend). Zunächst besprechen Sie den Leistungsstand des Schülers, die Noten sind eindeutig. Die Versetzung ist gefährdet. Der Vater kennt offenbar den Leistungsstand seines Sohnes und hat schon geahnt, was auf ihn zukommt. Er ist offensichtlich angespannt, sitzt nach vorne gebeugt, hört aufmerksam zu. Sie haben das Gefühl, der Vater ist nicht nur aufmerksam, sondern in Lauerstellung, er hat sich bereits Antworten oder Handlungsschritte überlegt. Der Vater versucht es zunächst kurz mit sachlichen Argumenten: „So schlimm ist das ja nun auch wieder nicht. Sie könnten

aus der 4,8 in Physik auch leicht eine 4,3 machen, oder nicht? Und in Englisch die Fünf, naja, da macht mein Sohn noch einen Vokabeltest oder ein Referat, dann wird daraus schnell mindestens eine glatte Vier. Das Gleiche in Deutsch. Sie wollen doch nicht schuld daran sein, wenn mein Sohn sein Abi nicht schafft, oder? Das können Sie doch nicht ernsthaft wollen." Sie bleiben bei Ihrer Aussage, weil die Noten in mehreren Fächern unstrittig sind und die Schulordnung klare Vorgaben hat und eingehalten werden muss. Nun reagiert der Vater nicht mehr freundlich, sondern: „Wissen Sie, ich bin Rechtsanwalt und werde das alles rechtlich genauestens überprüfen lassen. Sie hören von mir!" Damit ist auch klar, warum der Schüler meint, nichts für gute Noten tun zu müssen. Sein Vater hat ihn bislang immer rausgehauen und wird es auch diesmal wieder tun. Warum sollte der Schüler sich anstrengen, es ging bisher ja auch so.

In einem solchen Fall können Sie nur abwarten, was der Vater unternimmt. Sie verabschieden sich ruhig und sachlich: „Herr Albrecht, wir haben dann alles besprochen. Selbstverständlich bleibt es Ihnen überlassen, rechtliche Schritte einzuleiten. Wir hören dann voneinander. Auf Wiedersehen Herr Albrecht, auf Wiedersehen Jonathan."

Haben Sie alles im Sinne der Schulordnung bearbeitet, können Sie ruhig bleiben und warten ab, ob tatsächlich eine Klage eingereicht wird. Der Rückhalt der Schulleitung ist in einem solchen Fall natürlich sehr hilfreich. Es kann auch passieren, dass der Vater mit seiner Klage Recht bekommt, weil ein Richter die Lage anders beurteilt als Sie und Ihre Kolleg/innen. So etwas ist schwer hinzunehmen. Wenn Sie und Ihre Kolleg/innen sich sicher und einig sind und besten Gewissens und entsprechend der Schulordnung gehandelt haben (wovon ja auszugehen ist), legen Sie den Fall ad acta. Das fällt sicher schwer, es nützt aber nichts, sich lange darüber zu ärgern (nehmen sie den Kreis des Einflusses, S. 21 oder das Problemdreieck, S. 19 zu Hilfe). Je länger Sie sich ärgern, desto mehr Gewicht und Macht bekommt dieser Fall, dieser Vater und dieser Schüler und nimmt Ihnen die Energie für Wichtigeres.

Manchmal schwelt ein Konflikt schon länger und die Fronten sind verhärtet. Beide Seiten haben sich übereinander geärgert, sind sich vielleicht schon verletzend begegnet. Dann kann man nicht mehr wirklich wertschätzend miteinander reden. Die nötige professionelle Distanz ist verloren und beide Parteien fühlen sich persönlich angegriffen. Auch dann muss die Initiative zur Klärung von der Lehrer/in ausgehen, weil sie der Profi ist. Dann ist es unumgänglich, dass eine neutrale Person, z. B. die Leiter/in der Schule, das Gespräch mit der Lehrer/in vorbereitet und an dem Gespräch teilnimmt.

Beispiele für Konflikte gibt es so viele, wie es Menschen gibt, deshalb stelle ich hier nur zwei exemplarisch dar. In den einzelnen Kapiteln finden sich Anregungen für Konflikte aller Art.

2.1.4 Beispiel für ein Elterngespräch

Im Folgenden wird ein Elterngespräch dargestellt. An diesem möchte ich zum einen eine mögliche Vorbereitung mit kurzen Rollenspielsequenzen darstellen. Zum anderen wird hier deutlich, wie systemisches Fragen eingesetzt werden kann, wie die Gesprächsführende dadurch dem Prozess folgt und damit die Eltern auf ihrem Lösungsweg begleitet. Sie können dies Gespräch natürlich auf alle Situationen aus dem Schulalltag übertragen.

Eine Lehrerin hat dieses Gespräch geführt. In ihrem Studium kam nach ihren eigenen Angaben das Thema Gesprächsführung nicht vor. Sie ist Klassenlehrerin ihrer ersten Schulklasse nach dem Referendariat in einer Grundschule.

An einem Planungstag in der Schule wurde das Thema Kommunikation und Elterngespräche – teils in Rollenspielen – im Schulkollegium bearbeitet. Am nächsten Tag wird sie von einer Mutter um ein Gespräch gebeten. Thema soll sein: „Mein Sohn Yannik wird gemobbt und wehrt sich nicht!"

Die Vorbereitung

Die Klassenlehrerin Frau Schmitz, bat mich, Frau Beier, die Leiterin der Fortbildung, dieses Gespräch mit ihr vorzubereiten. Sie selbst hatte keine rechte Idee, wie sie dieses Elterngespräch führen sollte. Wir haben uns zur verabredeten Zeit ca. 45 Minuten zusammengesetzt, um das Gespräch nach dem hier dargestellten Vorgehen vorzubereiten:

Ich frage zunächst, was Frau Lehmann, die Mutter, bei der Bitte um einen Termin gesagt hat. Frau Schmitz berichtet, dass sich Frau Lehmann Sorgen um ihren Sohn Yannik mache. Sie hat auf dem Weg zum Einkaufen zufällig gesehen, wie Jungs aus der höheren Klasse ihren Sohn Yannik gemobbt haben. Sie haben ihn geschubst, angeschrien und irgendetwas von ihm gefordert. Ihr Sohn habe sich nicht richtig dagegen gewehrt. Andererseits finde sie es gut, dass er sich zu Hause mit Worten, ohne zu schlagen, zur Wehr setzen könne. Frau Lehmann bat Frau Schmitz als Klassenlehrerin um ihre fachliche Meinung. Frau Schmitz fragte, ob der Vater auch an dem Gespräch teilnehme. Die Mutter bejahte dies. Der Termin ist für den übernächsten Tag angesetzt.

Frau Schmitz äußert Unsicherheit, weil sie selbst das Thema nicht als Problem ansieht und nicht weiß, was sie der Mutter raten soll. Sie selbst schätzt Yannik als Kind mit hohen sozialen Kompetenzen ein. Er kann sich gut verbal mit entsprechenden abwehrenden Gesten wehren. Als Klassenlehrerin ist sie froh und stolz, dass die Kinder in ihrer Klasse gelernt haben, Konflikte weitgehend mit Worten zu klären und nicht sofort zuschlagen. Außerdem befürchtet sie, dass die Eltern erwarten, dass sie als Klassenlehrerin das Mobben seitens der älteren Schüler/innen zu unterbinden habe.

Ich fordere Frau Schmitz auf, dieses in einer spontanen, kurzen Rollenspielsequenz (ich in der Rolle als Mutter, Frau Schmitz in der Rolle als Lehrkraft) genauso zu sagen. Die Reaktion der Mutter in der Rolle ist eindeutig, sie fühlt sich nicht verstanden. Beide fühlen sich in ihrer Rolle nicht wohl. Das Gespräch stockt. Das Problem liegt offensichtlich an anderer Stelle.

Wir probieren alle Ideen der Klassenlehrerin in solchen kurzen Rollenspielsequenzen aus. Dadurch wird bei jeder Idee schnell klar, ob die Idee in die richtige oder falsche Richtung geht. Ich wende dieses relativ ausführliche Verfahren jedes Mal an, weil auch hier die Devise gilt: Ratschläge sind auch Schläge. Selbst wenn ich spüre, wo das Kernproblem liegen könnte, hat es wenig Sinn, dieses einfach zu benennen. Die Lehrer/in findet mit mir gemeinsam einen Weg zur Lösung und kann dieses Verfahren der Begleitung dann im Elterngespräch ebenso mit den Eltern im Gespräch umsetzen.

Schnell wird allen klar, dass das eigentliche Problem nicht das Verhalten von Yannik ist, sondern offenbar die Gefühle, die das Verhalten des Kindes bei der Mutter auslösen. Ich bitte Frau Schmitz, erneut in das Rollenspiel zu gehen und dort die Mutter aufzufordern, zunächst die Situation genau zu beschreiben. Dabei wird durch ständiges Nachfragen deutlich, dass die Mutter sich in der Konfliktsituation Ihres Sohnes, die sie beobachtet, unwohl fühlt. Dem Vater scheint es nicht so zu gehen.

Nun übernehme ich im Rollenspiel die Rolle der Lehrerin Frau Schmitz, Frau Schmitz übernimmt die Rolle der Mutter. Ich frage als Lehrerin: „Es wirkt so, als ob ihr Mann die Abwehrreaktion von Yannik völlig ausreichend findet. Für Sie scheint es schwer auszuhalten zu sein, wenn Sie zusehen müssen, dass Yannik sich nicht genügend zur Wehr setzt?" Frau Schmitz in der Rolle der Mutter bestätigt dies. Ich als Lehrerin frage: „Kennen Sie das Gefühl?" Daraufhin erzählt Frau Schmitz als Mutter lebhaft, dass sie als Kind oft verprügelt und gehänselt wurde. Ich als Lehrerin frage jetzt: „Was hat oder hätte Ihnen damals geholfen?" und „Was wünschen Sie sich für Ihren Sohn?"

In der Vorbereitung wird nun klar, dass die Mutter erkennen kann, dass sie ihre Gefühle auf ihren Sohn projiziert. Yannik selbst empfindet sich wahrscheinlich gar nicht als gemobbter Prügelknabe. Wenn die Mutter zu dieser Erkenntnis finden kann, wird sich das Problem erledigt haben.

Am Ende dieser Vorbereitung fühlte die Klassenlehrerin Frau Schmitz sich relativ sicher und gut in der Lage, das Elterngespräch zu führen. Sie stand nicht mehr unter dem Druck, den Eltern irgendeinen Rat geben zu müssen, und fühlte sich nicht verantwortlich, das Problem für die Eltern oder den Schüler, z. B. durch einen Rat oder eine Interaktion zu lösen. Sie war bereit, die Eltern auf ihrem eigenen Weg zu einer Lösung durch emphatisches und gezieltes Fragen zu unterstützen und den Prozess zu begleiten. Und dieses nach nur einem Tag Fortbildung und einer Dreiviertelstunde gezielter Vorbereitung!

Das Gespräch

Die Mutter, Frau Lehmann, bittet die Klassenlehrerin, Frau Schmitz, um ein Gespräch. Als Vorinformation gibt sie an: Der Anlass ist ihr Sohn Yannik. Yannik ist 10

Jahre alt. Er wehrt sich nicht, wenn er von anderen Kindern gehauen wird. An dem Gespräch werden Mutter und Vater, Frau Schmitz und die Zweitkraft teilnehmen.

Im Gespräch fordert Frau Schmitz nach der Begrüßung die Mutter auf, das Problem zu schildern. Sie beschreibt, dass ihr Sohn sich nicht wehrt, wenn er gemobbt, gehauen, geärgert wird. Er habe gelernt, sich mit Worten zu wehren. Wenn ein Kind etwas tut, was er nicht möchte, sagt er laut und deutlich: „Nein, lass dass!", und setzt sich überwiegend verbal mit entsprechender Gestik zur Wehr. Das findet die Mutter sehr gut, sie ist froh, dass Yannik dieses Verhalten bereits im Kindergarten früh gelernt hat. Trotzdem wünscht sie sich, dass er sich anders, massiver zur Wehr setzt, wenn andere Kinder ihn angreifen. Sie möchte, dass er zurückhaut, wenn er gehauen wird, „weil er nur so in der Welt zurechtkommt". Der Vater findet es nicht so dramatisch, dass Yannik nicht zurückhaut, solange Yannik damit zufrieden ist.

Auf die Frage, ob die Mutter selbst das Gefühl kenne, sprudelt sie los: „Ja, so ist es mir als Kind auch gegangen, ich habe mich nicht genügend gewehrt, mich ausgeliefert und hilflos gefühlt, manchmal war ich auch wütend!" Sie erzählt, dass sie selbst als Kind in der Schule von zwei Jungen geärgert und verprügelt wurde. Damals hieß es noch nicht Mobbing, fühlte sich aber für sie genauso an. Sie hat sich damals genauso wie Yannik verhalten und sich nicht körperlich gewehrt. Die Jungen hörten nicht auf, sie zu ärgern. Auf die Frage: „Was hat Ihnen damals geholfen?", antwortet sie: „Meine Mutter riet mir zurückzuschlagen und dies fruchtete, man ließ mich fortan in Ruhe."

Frau Lehmann wird plötzlich klar, dass sie ihre eigenen Gefühle auf Yannik übertragen hat. Auf die Frage: „Was glauben Sie, wie geht es Yannik in der Situation?", antwortet sie: „Ich glaube, Yannik empfindet sich nicht als Prügelknabe, er findet sich in Ordnung, ihm geht es gut mit seiner Abwehrreaktion, sie reicht ihm völlig aus!" Nun kann sie ihren Sohn als eigene Person mit seinen eigenen Empfindungen in dieser Situation sehen und akzeptieren, dass diese sich von ihren unterscheiden. Durch die Übertragung der Gefühle erklärt sich auch der oben geschilderte Widerspruch. Einerseits findet die Mutter es toll, dass ihr Sohn nicht schlägt, sondern sich mit Worten wehren kann, andererseits soll er nicht zum Prügelknaben werden und sich durch Zurückschlagen wehren. (Jedes Verhalten macht Sinn, wenn man den Kontext kennt.) Sie wünscht sich trotzdem für Yannik, dass ihm nicht das Gleiche widerfährt wie ihr selbst und auch dass er weniger gehauen wird bzw. sich weniger hauen lässt. Frau Schmitz fragt die Mutter: „Was würden Sie sich wünschen, wie Yannik in einer solchen Situation reagiert?", Antwort: „Er soll zurückhauen, aber nicht zu stark, sondern als deutliches Signal." Frau Schmitz erzählt der Mutter, dass sie dieses Problem in der Schule für Yannik nicht wahrnimmt.

Nun stellt sich heraus, dass es außerdem noch um ein Kind im Freundeskreis geht, das Yannik manchmal massiv ärgert und auch schlägt. Frau Schmitz sagt: „Was hat Yannik für ein Erfolgserlebnis, wenn er zurückhaut? Was – denken Sie –

lernt er dadurch?" Frau Lehmann wird nachdenklich und wiederholt, dass sie Angst hat, dass ihr Sohn als Prügelknabe dient. Frau Schmitz fragt: „Wie reagiert die Mutter des schlagenden Kindes?" Frau Lehmann antwortet: „Die Mutter reagiert gar nicht." Während sie diesen Satz ausspricht, bemerkt sie, dass die Lösung des Problems darin liegt, die Eltern des schlagenden Kindes anzusprechen. Sie ist sehr erleichtert.

Durch dieses Gespräch ist der Mutter selbst klar geworden, dass das Problem nicht ihr Kind ist, sondern dass das Problem auf der Erwachsenenebene zu beheben ist. Einerseits, indem sie ihre eigenen Kindheitserlebnisse reflektiert und diese nicht auf ihren Sohn überträgt, und andererseits hat sie für sich festgestellt, dass hier die Erwachsenen handeln müssen, indem sie ihren Kindern angemessene Verhaltensregeln im Umgang untereinander vermitteln. Die Eltern von Yannik werden die Eltern des anderen Jungen ansprechen. Sie wollen ihre Wahrnehmung des Konfliktes zwischen den Jungs schildern und ihre Freunde bitten, dass sie ihrem Kind andere Verhaltensweisen im Umgang mit Yannik nahebringen bzw. auch einschreiten, wenn der Junge Yannik schlägt.

2.1.5 Rollenspiel als Übungsmethode

Rollenspiele sind die beste Übung, um Gesprächstechniken zu lernen, auch wenn viele zuerst Hemmungen haben. Effektiver und schneller als im Rollenspiel kann man Gesprächsführung nicht lernen.

Ein Rollenspiel benötigt mindestens die Anzahl von Personen, die am realen Gespräch teilnehmen werden. Die Gruppe sollte nicht größer sein als 20 Personen. Eine Fortbilder/in übernimmt die Leitung der Gruppe. In einer größeren Gruppe kann die Lehrer/in, die den Fall eingebracht hat, eine Rolle übernehmen, um sich in die entsprechende Person einzufühlen. Sie kann auch zuschauen, wie andere die Rollen darstellen. Sie gibt eine kurze Information an die einzelnen Darsteller, dann nehmen diese ihre Rolle ein. Es wird verabredet, dass das Rollenspiel von den Darsteller/innen mit dem Hinweis „Schnitt" unterbrochen werden kann. Die Leiter/in der ganzen Gruppe verteilt an die Zuschauer Aufgaben zur Beobachtung (z. B.: Achtet auf die Mimik, Gestik, Worte, Körperhaltung der Mutter / des Vaters und der Kolleg/in, der Lehrer/in, auf die offenen, geschlossenen Fragen, auf die Beziehungsebene, Sachebene usw.). Weiß die Lehrer/in in der Rolle nicht mehr weiter, sagt sie „Schnitt". Dann fragt die Leiter/in der ganzen Gruppe alle Rollenspieler/innen, wie es ihnen in der Rolle geht. Dabei werden alle mit dem Namen der Rolle angesprochen. Die Zuschauer geben ihre Wahrnehmungen und Ideen für das weitere Gespräch ab. Die Rolle der Lehrer/in kann dann gewechselt werden.

Es ist auch möglich, das Gespräch im Rollenspiel zu zweit zu üben. Eine Person übernimmt die Rolle eines Elternteils oder der Schüler/in und die andere die der Lehrkraft. Hier ist es sinnvoll, dass die Lehrkraft, die das reale Gespräch führen wird, die Rolle des Elternteils oder der Schüler/in spielt. So wird sie unmittelbar erleben und spüren, welche Fragen angenehm, unterstützend und zielfördernd sind. Und natürlich auch, welche Art der Gesprächsführung zu Blockaden und Abwehr führt.

Es ist immer wieder beeindruckend, wie realitätsnah sich die Rollenspiele entwickeln. Mit nur wenigen Informationen ist jeder in der Lage, die entsprechende Rolle zu übernehmen. Worte, Gestik und Gefühle werden relativ nah am Original ausgedrückt und auch empfunden. Deshalb ist es wichtig, am Ende des Rollenspiels mit einem kleinen Ritual die Rolle wieder abzulegen. „Du legst nun die Rolle der Mutter (Frau …) wieder ab, ähnlich einem Mantel, den du ausziehst. Damit gibst du die Gefühle der dargestellten Person zurück. Du bist wieder … (eigenen Namen einsetzen). Du darfst das, was du in der Rolle gelernt hast und behalten möchtest, behalten. Du kannst nun wieder auf deinen Platz zurückgehen."

Übung 12:

Sie setzen sich mit Ihrer Kolleg/in zusammen, am besten dort, wo das Gespräch stattfinden soll. Sie legen die Rollen fest: Sie übernehmen z. B. die Lehrer/in und Ihre Kolleg/in die Mutter / Vater. Sie sprechen die Namen ab und benutzen diese für die Übung. Dann beginnen Sie dort, wo Sie später auch beginnen: mit der Begrüßung. Dann führen Sie das Gespräch fiktiv durch.

Es ist nicht notwendig, das Gespräch komplett durchzuspielen. Nach einer Ihnen angemessenen Zeit können Sie die Rollen tauschen.

In der Rolle der Mutter erleben Sie hautnah, welche Fragen, welche Haltung, welche Körpersprache Ihnen angenehm und dem Gespräch förderlich ist. Und Sie spüren ebenso unmittelbar, bei welcher Art zu fragen, bei welchem Tonfall Sie sich in die Rolle der Mutter zurückziehen, weil Sie sich bedrängt fühlen, ausweichen, sich nicht verstanden fühlen usw.

Am Anfang ist ein Rollenspiel für die meisten ungewohnt. Aber wenn Sie sich zu Beginn konzentrieren und in Ihrer Rolle bleiben, werden Sie feststellen, wie hilfreich ein Rollenspiel ist.

Zusammenfassung

▸ Das Ende des Gespräches ankündigen.
▸ Eine Zusammenfassung des Gespräches geben.
▸ Ggf. die Vereinbarung formulieren.
▸ Der Familie eine positive Rückmeldung geben.
▸ Durch Formulierung eines positiven Aspektes des Fehlverhaltens das Wertesystem der Familie erweitern.

2.2 Gespräche vorbereiten, planen und durchführen

2.2.1 Elterngespräche professionell vorbereiten

In der Schule gibt es zwei Möglichkeiten, wie es zu einem Elterngespräch kommt: Die Eltern oder Schüler/in sprechen die Lehrkraft an oder umgekehrt.

Die Initiative geht von den Eltern aus

Bitten die Eltern Sie um einen Gesprächstermin sollten Sie Folgendes bedenken:

Haben Sie in dem Moment keine Zeit für eine Absprache zu Termin und Inhalt, vereinbaren Sie nichts nebenbei oder in Hektik. Bitten Sie die Eltern um eine Terminabsprache in einem ruhigeren Moment. Sie können z. B. sagen: „Selbstverständlich können wir einen Termin ausmachen. Im Moment habe ich wenig Zeit dafür. Ich würde Sie gern heute Mittag anrufen, um einen Termin mit Ihnen abzusprechen."

Um sich auf das Gespräch vorbereiten zu können, brauchen Sie einige Informationen von den Eltern. Fragen Sie nach dem Anliegen oder Thema der Eltern. „Damit ich mich auf unser Gespräch gut vorbereiten kann, sagen Sie mir bitte, welches Anliegen Sie haben?", „...was möchten Sie gern mit mir besprechen?", „...was soll Thema des Gespräches sein?" Steigen Sie nicht schon vorab in die Diskussion ein. Belassen Sie es bei einer kurzen Information. Evtl. müssen Sie die Eltern bremsen. „Gut, jetzt weiß ich, worum es gehen soll. Ich möchte mich auf das Thema vorbereiten und noch nicht jetzt hier am Telefon in das Thema einsteigen. Bei unserem Termin nehmen wir uns die Zeit, darüber in Ruhe zu reden."

Weiterhin ist es für die Vorbereitung des Gesprächs wichtig zu wissen, wer bzw. wie viele Personen an dem Gespräch teilnehmen. Bittet z. B. eine Mutter um einen Termin, fragen Sie, ob der Vater und der Schüler auch teilnehmen. Außerdem muss geklärt werden, wo das Gespräch stattfinden soll. Diese Ausführungen sind gleichermaßen für den Fall gültig, dass die Initiative von der Lehrer/in ausgeht. Vielleicht möchten die Eltern, dass Sie als Lehrer/in zu ihnen nach Hause kommen, z. B. weil sie sich dort sicherer fühlen oder weil sie sonst keine Kinderbetreuung haben. Gespräche bei den Eltern zu Hause sind sinnvoll, wenn die Eltern sehr unsicher sind. Ebenso wenn eine für die Eltern Sicherheit gebende und vertrauensvolle Atmosphäre wichtig ist, wenn Sie das familiäre Beziehungsgeflecht (siehe auch Kapitel 1.5) im Beisein der ganzen Familie besser kennenlernen wollen oder wenn Sie das Kind in seiner vertrauten Umgebung wahrnehmen wollen.

Für den Fall, dass Sie als Lehrkraft Forderungen an die Eltern haben, sind Gespräche bei den Eltern zu Hause nicht sinnvoll. Ebenso wenn Sie ein Gespräch führen wollen, bei dem Hierarchien deutlich gemacht werden müssen: Sie müssen z. B. etwas durchsetzen (Eltern sollen Anträge stellen, Beträge bezahlen, etwas mitbringen, das Kind pünktlich schicken usw.). Dasselbe gilt, wenn Sie sicher sein wollen, dass das Gespräch ohne Kinder und ungestört stattfindet.

Vorteile eines Hausbesuches sind:
- Eltern und Schüler/in fühlen sich in ihrer vertrauten Umgebung sicherer.
- Sie als Lehrer/in lernen die häusliche Situation kennen (Lage, Größe und Ausstattung der Wohnung).
- Sie sehen, wo das Kind seine Hausaufgaben macht, evtl. sein Kinderzimmer.
- Sie erleben die familiäre Stimmung im häuslichen Umfeld.
- Bei Erstklässlern können Sie in einer für das Kind sicheren, vertrauten Umgebung ersten Kontakt zu dem Kind aufnehmen.

Nachteile eines Hausbesuches sind:
- Die Fahrtzeiten können lang sein.
- Je nach Thema sollten die Kinder nicht dabei sein. (Dies ist bei einem Hausbesuch nicht zu vermeiden.)
- Das Gespräch dauert meistens länger als in der Schule.
- Ablenkung durch Fernsehen, Telefon, Türklingel.
- Eventuell wird das Gespräch lockerer, als von der Lehrer/in gewünscht, z. B. bieten die Eltern Essen und Getränke (ggf. abends auch Alkohol) an. Durch die häusliche, gemütliche Atmosphäre werden die Themen nicht in der gewünschten Tiefe und Ernsthaftigkeit besprochen. Auch kann es sein, dass sich die Lehrer/in in der Wohnung unwohl fühlt, weil z. B. unterschiedliche Auffassungen von Sauberkeit bestehen.
- Die Lehrer/in begibt sich auf ihr unbekanntes Terrain und muss sich sehr auf das Umfeld der Eltern einlassen, während die Eltern in ihrer vertrauten Umgebung sind. Dies verunsichert manche Menschen, erst dann wird es zum Nachteil.

Findet das Gespräch in der Schule statt, benötigen Sie einen Raum, in dem Sie ungestört sind.

Vorteile eines Gesprächs in der Schule sind:
- Die Lehrer/in spart die Fahrtzeiten.
- Die Lehrer/in kann für einen ruhigen Raum (ohne Telefon, ohne Störungen von außen) sorgen.
- Eventuell können die Kinder von den Eltern mitgebracht und in der Schule betreut werden.
- Das Gespräch kann ohne Kinder geführt werden.
- Die Lehrer/in kann entscheiden, ob Getränke angeboten werden.
- Die Lehrer/in kann den Raum und das Setting (z. B. Sitzordnung, Getränke) so vorbereiten, wie es für das Gespräch förderlich ist.
- Die Lehrer/in hat evtl. notwendige zusätzliche Unterlagen in Griffweite.
- Oft empfinden Eltern eine andere Ernsthaftigkeit bei dem Gespräch, wenn Sie sich auf den Weg machen und den Termin in der Schule wahrnehmen.

Manchmal haben die Eltern einen Wunsch bezüglich der teilnehmenden Personen. Es kann sein, dass sie oder ihr Kind mit einer bestimmten Fachlehrer/in oder Zweitkraft besonders gut auskommen. Es kann genauso sein, dass die Mutter mit dieser nicht auskommt oder ihr Anliegen mit dieser zusammenhängt. Bei der internen Vorbereitung muss also geprüft werden, ob es sinnvoll, vielleicht sogar unabdingbar ist, dass die Fachlehrer/in an dem Gespräch teilnimmt oder eben nicht. Aus dem Thema kann sich auch die Notwendigkeit der Anwesenheit der Leiter/in der Schule ergeben, z. B. wenn durch einen Konflikt zwischen Lehrer/in und Eltern die Anwesenheit einer neutralen Person notwendig wird, wenn es um finanzielle Aspekte geht oder um Themen, die die ganze Schule betreffen, wenn die Lehrer/in sich dem Thema allein nicht gewachsen fühlt und sich Unterstützung durch die Leiter/in wünscht, wenn eine Meinungsverschiedenheit schon öfter diskutiert wurde und die Leiter/in die Entscheidung der Schule durchsetzen soll.

Die Hierarchie bewusst einzusetzen ist manchmal nützlich, wenn man sich z. B. bei evtl. organisatorischen oder unangenehmen Themen durch die Schulleiter/in vertreten lassen möchte. So bleibt die Beziehung zwischen Klassenlehrer/in und Eltern unbelastet, was den Kontakt im Alltag erleichtert. Für die Eltern bleibt die Lehrer/in die „Gute" und die Schulleiter/in übernimmt den Part der „Bösen", die die schlechte Nachricht übermittelt, sie hat ja im Allgemeinen im Schulalltag wenig Kontakt mit der Familie. Weicht Ihre Entscheidung der Teilnehmenden von dem Wunsch der Familie ab, teilen Sie dieser Ihre Entscheidung und die Begründung vor dem Gespräch unbedingt mit.

In einigen Bundesländern gibt es erfolgreiche Konzepte bezüglich des Überganges von der Kita in die Schule (z. B. das Brückenjahr im Landkreis Osterholz). Es finden – je nach zeitlicher Möglichkeit – bei allen neuen Schulkindern gemeinsame Gespräche mit der Erzieherin und der Klassenlehrer/in statt. Teilweise finden aus Zeitmangel gemeinsame Gespräche bei den Schüler/innen statt, bei denen Schwierigkeiten in verschiedensten Bereichen bereits vorhanden oder zu erwarten sind. Lehrkräfte und Erzieherinnen, die diese Gespräche gemeinsam geführt haben, bewerten dies sehr positiv. Lehrer/innen berichten, dass sie sich auf die neuen Schüler/innen besser vorbereiten können, da sie sie schon kennengelernt haben. So verläuft die erste Phase in der Schule sowohl für sie selbst als auch für die Kinder entspannter. Natürlich sei es zunächst ein Zeitaufwand, aber die Investition dieser Zeit lohne sich sehr, da hinterher einiges an Zeit eingespart werden kann.

Wechseln die Kinder in die weiterführenden Schulen, z.B. zum Gymnasium, erfahren die Schüler/innen und Eltern oft erst am Einschulungstag wer ihre Klassenlehrer/in und wer ihre Mitschüler/innen in der neuen Klasse sein werden. Dies halte ich für äußerst ungünstig, denn diese Unwissenheit verunsichert sowohl die Kinder als auch die Eltern. Es entsteht eine unnötige und unangenehme Spannung und erzeugt Stress. Im Kapitel 1.6.1 werden die Kommunikationsmuster beschrieben, in denen Menschen unter Stress fallen können. Verunsicherte Menschen sind zunächst damit beschäftigt, sich zu schützen und zu stabilisieren und können dadurch z. B. in Gesprächen nicht wirklich gut zuhören oder Geschehnisse um sie herum nicht aufnehmen. Es ist besser, die Menschen nicht im Unklaren zu lassen, vor allem, wenn es um Beziehungen geht. Für Kinder und Eltern ist es wesentlich entspannter, wenn sie vor dem ersten Schultag in der neuen Schule bereits wissen, wer die neue Klassenlehrer/in ist und ob sie mit ihren Freunden zusammen in einer Klasse sind. Selbst wenn ihre Wünsche diesbezüglich nicht erfüllt wurden, haben sie Zeit, sich damit auseinanderzusetzen und abzufinden.

Die Initiative geht von der Lehrer/in aus

Bei Erstgesprächen, Zeugnisgesprächen oder bei Auffälligkeiten des Kindes werden Sie als Lehrer/in die Initiative ergreifen. Je nachdem, worum es geht, ist die Bereitschaft der Eltern zu einem Gespräch unterschiedlich ausgeprägt. Sicher haben Sie schon erlebt, dass einige Eltern sehr interessiert und gerne zu einem Gespräch bereit sind, während andere eher zurückhaltend agieren. Diese Zurückhaltung kann sehr unterschiedliche Gründe haben, z. B. wenn die Eltern beruflich sehr eingespannt sind und wenig Zeit haben. Die Terminierung ist aufgrund von wechselnden Arbeitszeiten oder -orten schwierig. Das Thema ist ihnen unangenehm. Sie haben Angst, kritisiert zu werden oder etwas preiszugeben. Sie sehen das Problem bzw. die Notwendigkeit nicht. Sie sehen das Problem und fühlen sich hilflos, sehen keine Lösungsmöglichkeiten. Sie sind mit der Erziehung überfordert und wollen nicht, dass dies jemand bemerkt. Sie sind zufrieden, dass es ihrem Kind in der Schule gut geht, mehr wollen sie nicht usw. Die Argumente bezüglich der Hausbesuche oder des Gespräches in der Einrichtung und der teilnehmenden Personen gelten gleichermaßen für Elterngespräche, die auf Initiative der Lehrer/in stattfinden (siehe oben).

Legen Sie sich zurecht, wie viel und was Sie den Eltern bei der Terminabsprache über den Inhalt oder den Anlass des Gespräches mitteilen wollen. Überlegen Sie, wie die Eltern reagieren und was sie fragen könnten und was Sie darauf antworten wollen. Es ist ungünstig, schon bei der Terminabsprache auf dem Flur oder am Telefon in das Thema einzusteigen. Es reicht, kurz zu benennen, um was es geht, ohne in die Diskussion zu gehen. „Ich möchte jetzt nicht schon hier in das Thema einsteigen. Um das alles in Ruhe zu besprechen, treffen wir uns am…"

Sollen die Eltern sich auf das Thema vorbereiten, geben Sie den Eltern Ihre Fragen und / oder Themen am besten bei der Terminabsprache schriftlich. Dann können diese sich zu Hause in Ruhe damit befassen und den ausgefüllten Bogen zum Gespräch mitbringen.

Datum und Uhrzeit werden präzise festgelegt. Auch hier sind das Thema und die Ziele des Gesprächs von Bedeutung. Es hat eine völlig andere Wirkung, ob sich die Eltern nach der Lehrer/in richten müssen, ob die Lehrer/in sich nach den

Eltern richtet oder ob sie gleichberechtigt einen Termin suchen, der beiden Seiten gut passt. Will die Lehrkraft den Eltern entgegenkommen, wenn sie die Zeitnot der Eltern sieht, ihr Anliegen aber unbedingt mit den Eltern besprechen, wird sie sich eher nach den Eltern richten. Haben beide Seiten ein Interesse an dem Thema, werden sie sich auf einen für beide Seiten optimalen Termin einigen. Will oder muss die Lehrer/in den Eltern beispielsweise ein Ultimatum stellen, ist es sinnvoll, den Eltern zwei Termine zur Auswahl zu geben, nach denen sie sich richten müssen.

Die zeitliche Dauer des Gesprächs sollte vorher festgelegt werden. „Wir haben dann eine Stunde Zeit: von 15.00 bis 16.00 Uhr." Das Festlegen der Zeit hat viele Vorteile, z. B. müssen beide Seiten beim Thema bleiben, damit die Zeit reicht. Die Eltern können sich bzgl. Babysitter und anderer Termine darauf einstellen. Die Lehrer/in kann ihre Arbeitzeit und die Raumnutzung einplanen. Halten Sie sich unbedingt an diese Zeiten, schauen Sie zwischendurch zur Uhr (vielleicht setzen sie sich so, dass Sie die Wanduhr im Blick haben). Das Einhalten der Zeiten ist für Verschiedenes wichtig: Es zeigt den Eltern, dass Sie zuverlässig sind, sich an Absprachen halten. Es ist für die Eltern wichtig, falls sie Anschlusstermine oder einen Babysitter bestellt haben. Falls Eltern ins Erzählen kommen sollten, haben Sie einen Grund, immer wieder auf das Thema zurückzukommen („Das ist wirklich sehr interessant, was Sie gerade erzählen. In Anbetracht der fortgeschrittenen Zeit möchte ich gern noch mal auf unser Thema zurückkommen.") Außerdem werden manche unangenehme Dinge gern erst kurz vor Schluss angesprochen, um nicht so lange darüber reden zu müssen.

Eine Überschreitung der abgesprochenen Zeit sollten Sie nur in Ausnahmefällen zulassen, z. B. wenn das Gespräch eine wirklich unerwartete Wendung genommen hat oder unerwartet heftige Emotionen mehr Zeit erfordern und Sie das Gespräch innerhalb der Zeit nicht zu einem guten Abschluss bringen können, (was bei guter Vorbereitung eigentlich eher selten vorkommen sollte). Ein positiver Abschluss mit dem das Thema und das Gespräch beendet werden, hat Vorrang vor der Einhaltung der Zeit. Es ist wichtig, dass der Gesprächsführende die Zeit im Blick hat, um rechtzeitig das Ende einläuten zu können. Bemerken Sie während des Gespräches, dass sich weitere Themen ergeben, die besprochen werden müssen, können Sie einen Folgetermin vereinbaren und z. B. sagen: „Ich sehe, dass sich noch einige wichtige Themen ergeben haben. Diese können wir heute nicht in aller Ausführlichkeit behandeln. Wenn Sie mit einem weiteren Termin in einer Woche einverstanden sind, können wir in Ruhe darüber reden."

Übung 13:
Um besser nachvollziehen zu können, wie sich Eltern fühlen könnten, wenn Sie sie um ein Gespräch bitten, stellen Sie sich folgende Situation vor: Sie werden von Ihrer Vorgesetzten zu einem Gespräch gebeten.
Notieren Sie: Was wäre Ihr erster Gedanke? Welches Gefühl könnte sich einstellen? Wie möchten Sie zu einem Gespräch eingeladen werden? Welche Information möchten Sie vorab erhalten?
Wenn Sie jetzt die Gefühle, die Sie haben, anschauen, übertragen Sie diese auf Eltern. So ähnlich könnte es den Eltern auch gehen.

Stehen der Termin und das Thema des Gesprächs fest, nehmen Sie sich ca. eine Stunde Zeit für die differenzierte Planung (siehe Kapitel 2.2.2) des Gesprächs. Wenn Sie diese Planung öfter durchgeführt haben, brauchen Sie etwas weniger Zeit. Hilfreich ist es – besonders die ersten Male –, wenn Sie die Vorplanung zu zweit durchführen können.

Neben der Gesprächsplanung bereiten auch Sie sich auf das Gespräch vor. Wählen Sie die Kleidung für sich aus, in der Sie sich wohlfühlen. Manche Gespräche finden nachmittags statt, nachdem Sie schon mehrere Stunden im Unterricht gearbeitet haben. In diesem Fall sollten Sie evtl. etwas Kleidung zum Wechseln einpacken, denn bei der Arbeit mit Kindern bleibt die Kleidung manchmal nicht den ganzen Tag lang sauber. Planen Sie wenn möglich eine Pause von 30 Minuten zur Vorbereitung ein (Umziehen, Raum vorbereiten, evtl. Kaffee kochen, innerlich das Gespräch evtl. mit der teilnehmenden Kolleg/in noch einmal durchgehen). Sorgen Sie dafür, dass Sie während des Gespräches ungestört sind: Geben Sie das Telefon an eine Kolleg/in. Stellen Sie sicher, dass niemand während des Gesprächs Sachen aus dem Raum braucht. Hängen Sie ein Schild (einmal ausgedruckt und laminiert ist es jederzeit griffbereit und immer wieder einsetzbar) an die Tür:

Bitte nicht stören
Elterngespräch

Gehen Sie den von Ihnen geplanten Ablauf kurz vorher noch einmal gedanklich durch. Machen Sie Ihren Kopf frei. Das heißt, alles andere (z. B. andere Themen, die Sie beschäftigen) wird für dieses Gespräch zurückgestellt. Machen Sie sich noch einmal das Positive des Kindes und die Ressourcen der Familie klar, so können Sie der Familie offen und wertschätzend begegnen.

Zusammenfassung

▸ Klären Sie sorgfältig Termin, Ort, Dauer und die Zahl der Teilnehmer im Vorfeld des Gesprächs.

▸ Sorgen Sie für Ungestörtheit.

▸ Stellen Sie eigene Bewertungen zurück.

▸ Lenken Sie den Blick auf die Ressourcen der Familie.

(siehe Formular 4: Checkliste für die Vorbereitung des Elterngesprächs)

2.2.2 Differenzierte Planung eines Elterngespräches

Stehen Thema, Teilnehmer und Datum fest, bereiten Sie das Gespräch detailliert vor. Wenn möglich, tun Sie dies gemeinsam mit einer Kolleg/in, auch wenn Sie später entscheiden, dass Sie das Gespräch allein führen werden. Halten Sie Ihre Vorplanung schriftlich fest. Sie können diese schriftlichen Unterlagen ruhig mit in das Gespräch nehmen. Benennen Sie es den Eltern gegenüber: „Ich habe meine Vorbereitung für dieses Gespräch schriftlich festgehalten und mitgebracht, damit ich sicher sein kann, nichts zu vergessen. Außerdem kann ich diese mit wichtigen Informationen oder Gedanken Ihrerseits ergänzen."

Legen Sie Ihr Ziel für das Gespräch fest, z. B. dass über die weiterführende Schule entschieden werden soll, die Eltern das Kind beim Kinderarzt vorstellen sollen, Termine bei einer Logopädin / Ergotherapie / Erziehungsberatung gemacht werden müssen, das Kind pünktlich oder regelmäßig zum Unterricht geschickt werden soll, die Hausaufgaben kontrolliert werden sollen usw.

Anschließend prüfen Sie, welche Informationen Sie bereits haben und welche Sie noch von den Eltern benötigen. Notieren Sie die geeigneten Fragen, die Sie stellen wollen (siehe auch Kapitel 4.1 bis 4.2.2). Je nachdem, welches Ziel Sie sich gesetzt haben, kann es sinnvoll sein, die Eltern zunächst erzählen zu lassen. Schreiben Sie sich die Fragen auf, mit denen Sie den Eltern diesen Einstieg erleichtern: „Schildern Sie uns doch bitte einfach mal einen Nachmittag, wie er üblicherweise nach der Schule abläuft. Was macht Ihr Sohn oder Sie beide, wenn er aus der Schule nach Hause kommt als Erstes?"

Formulieren Sie alle Aussagen zu der Schüler/in soweit wie möglich positiv. Geht dies gar nicht, z. B. bei Fehlverhalten der Schüler/in, mangelnder Beteiligung am Unterricht oder Nachholbedarf in einem Fach, bleiben Sie bei einer sachlichen, neutralen Darstellung Ihrer Beobachtungen. Unterlassen Sie jegliche Bewertungen. Geht es z. B. um unerwünschte Verhaltensweisen des Kindes, können Sie darstellen, welche Folgen diese für das Kind haben, um den Eltern einen Handlungsbedarf deutlich zu machen, der ihr Kind unterstützen soll. (Beißt das Kind andere Kinder, können Sie das so benennen und sagen, dass inzwischen einige Kinder in der Pause nicht mehr mit ihm spielen oder neben ihm sitzen wollen).

Besonders wichtig bei dieser Vorbereitung ist, dass Sie sich Ihrer eigenen Meinung und Wertvorstellung bezüglich der Familie und des Themas bewusst sind.

Seien Sie dabei sich selbst ehrlich gegenüber. Nur dann können Sie Ihre Meinung, falls nötig, bewusst für das Gespräch zurückstellen. Sind Sie sich nicht darüber im Klaren, werden Sie Ihre Meinung (Bewertung) unbewusst durch Mimik, Gestik, Tonfall, Wortwahl zum Ausdruck bringen und die Eltern werden dies spüren. Sie selbst können nur dann neutral bleiben, unvoreingenommen aktiv zuhören und den Eltern wertschätzend begegnen, wenn Sie Ihre eigene Haltung kennen.

Ebenso wichtig ist es zu überlegen, wie sich die Eltern im Gespräch verhalten könnten. Fragen Sie sich, was die Eltern sagen, wie sie reagieren, was sie fragen könnten. Wenn Sie das Gespräch gründlich planen, können Sie dies relativ gut einschätzen (siehe auch Kapitel 2.2). Sie haben einen Eindruck von der Familie, kennen das Kind und können daraus ziemlich realistisch deren Reaktionen ableiten. Auf diese Weise können Sie sich vorher entsprechende Antworten überlegen.

Des Weiteren überlegen Sie, mit welchen Fragen bzw. Reaktionen der Eltern Sie gut klarkommen, und noch wichtiger: mit welchen nicht. Mit welchen Fragen oder Verhaltensweisen können die Eltern Sie aus dem Konzept bringen? Was wäre für Sie das Schlimmste, was bei dem Gespräch passieren könnte (worst-case-Szenario)? Jeder Mensch hat seine eigene Geschichte, auch mit persönlichen Verletzungen, auf die man besonders sensibel reagiert. Es ist wichtig, diese zu kennen und sich Handlungsmöglichkeiten zu überlegen, die Ihnen in einer solchen Situation helfen, bei sich zu bleiben, sich nicht provozieren zu lassen und die Gesprächsführung zu behalten. Sind Sie sich vor dem Gespräch über diese Dinge im Klaren, können Sie gelassen bleiben und das Gespräch professionell führen und die Eltern adäquat begleiten.

Sind Veränderungen für die Familie Ihr Ziel, sollten Sie bei dem Familienmitglied ansetzen, welches zu einer Veränderung am ehesten bereit ist. Schreiben Sie die Ressourcen (Stärken) der Familie auf, bei denen Sie für eine Veränderung ansetzen können. Diese werden ausgebaut und der Blick vom Mangel oder Fehlverhalten auf die Stärken und positiven Eigenschaften gelenkt.

Sind die Inhalte und Ziele festgelegt, entscheiden Sie, welche pädagogischen Teilnehmer für dieses Gespräch förderlich oder notwendig sind. Es kann sich herauskristallisieren, dass Sie das Gespräch nicht allein führen möchten, weil Sie mit der vermutlichen Reaktion der Eltern (z. B. Tränenausbruch, Aggressionen) nicht gut umgehen können und es Ihnen hilft, wenn Ihre Kolleg/in dabei ist.

Entscheiden Sie, das Gespräch zu zweit zu führen, legen Sie die Rollen und Aufgaben fest. Es ist sinnvoll, dass entweder Sie selbst oder Ihre Kollegin die Gesprächsführung übernimmt und während des ganzen Gesprächs behalten, anstatt sich darin abzuwechseln. Die Gesprächsleiter/in wird das Gespräch moderieren, die Zeit im Blick behalten und auch den Abschluss des Gesprächs einleiten. Der/die jeweils andere ergänzt und beobachtet Reaktionen der Eltern. Falls nötig schreibt er/sie Protokoll. Eventuell übernimmt er/sie auch einen Teil des Gesprächs, indem sie z. B. ihre Beobachtung des Kindes schildert. Sie müssen auch entscheiden, wer von Ihnen die Eltern wegen eines Termins anspricht und was den Eltern mitgeteilt werden soll/muss. Legen Sie auch fest, wo das Gespräch stattfindet, wie lange das Gespräch dauern soll (ist die verabredete Zeit angemessen?), wer am besten neben wem sitzen soll, ob es Kaffee oder Wasser geben soll.

Der Raum, in dem das Gespräch in der Einrichtung stattfindet, sollte ruhig sein und von niemand anderem für die Dauer des Gespräches und der anschließenden Reflexion benötigt werden. Die Sitzordnung richtet sich nach dem Ziel des Gesprächs. Wenn beide Elternteile teilnehmen und Sie ihnen ermöglichen möchten, als Team aufzutreten, sitzen die Eltern nebeneinander. Möchten Sie die beiden eher einzeln wahrnehmen, setzen Sie sie über Eck an den Tisch. Führen Sie das Gespräch mit einer Kolleg/in, hängt es auch hier vom Ziel ab, ob Sie sich gemeinsam den Eltern gegenübersetzen, als „Block" bzw. Gegenpol zu den Eltern. Wollen Sie nicht wie eine Front gegenüber den Eltern wirken, setzen Sie sich mit der Kollegin über Eck an den Tisch. Kommt nur ein Elternteil zum Gespräch, beispielsweise die Mutter, kann sich eine von Ihnen beiden zu ihr setzen, um Unterstützung zu signalisieren. Setzen Sie sich zu zweit der Mutter gegenüber, kann es sein, dass dies auch als Front wirkt (je nach Ziel soll es das auch) und die Mutter sich allein fühlt. Soll die Atmosphäre entspannt sein, bieten Sie Kaffee und Wasser an. Manchen Menschen hilft es (damit meine ich nicht nur die Eltern), wenn sie sich an einer Tasse Kaffee oder einem Glas Wasser „festhalten" können. Geht es nur um einen kurzen Informationsaustausch, sind Getränke nicht unbedingt notwendig.

Haben die Eltern nach dem Gespräch den Raum verlassen, beginnen Sie mit der Reflexion (siehe Kapitel 2.2.4). Hierfür sollten Sie immer bei der Vorplanung des zeitlichen Rahmens mindestens 15 Minuten einrechnen.

Zur Arbeitserleichterung ist nun eine Checkliste für die differenzierte Planung dargestellt (siehe Formular 5: Checkliste für die differenzierte Planung des Elterngesprächs).

2.2.3 Der Ablauf des Gesprächs

Neben der guten, gründlichen Vorbereitung ist der Einstieg in den Ablauf des Gesprächs von Bedeutung. Der Raum ist vorbereitet, Sie sind vorbereitet und die Eltern und die Schüler/in sind vielleicht aufgeregt, unsicher, gespannt. Es liegt in Ihren Händen, die Eltern und Schüler durch einen gelungenen Einstieg in das Gespräch zu entlasten. Bei der Begrüßung stellen Sie die Weichen für ein zielförderndes, effektives Miteinander. Eine positive, persönliche Ansprache jedes Einzelnen z.B. mit den Worten: „Guten Tag Maria, schön, dich zu sehen! Guten Tag Frau Meissener, guten Tag Herr Meissener. Ich freue mich, dass Sie sich die Zeit genommen haben, heute hier zu sein!" Nachdem alle Platz genommen haben, beginnen Sie das Gespräch mit einer positiven Aussage über die Schüler/in. „Grad gestern hat Maria sich so toll für ihre Freundin Daniela eingesetzt und sie unterstützt, als diese von Mitschülern so heftig kritisiert wurde. Ich hatte den Eindruck, dass Daniela das sehr gut getan hat und sie sehr erleichtert über die Rückendeckung war." Durch eine solche positive Bemerkung entspannen sich alle Teilnehmenden, jeder hört gern etwas Positives über sich oder sein Kind.

Dann sagen Sie wie viel Zeit Sie für dieses Gespräch angesetzt haben und was Inhalt und Ziel des heutigen Gesprächs sind, z.B.: „Wir haben heute eine dreiviertel Stunde Zeit, um uns über den Stand der Leistungen von Maria zum Ende des ersten Halbjahres auszutauschen", oder: „Ich habe Sie zu diesem Gespräch gebeten, weil ich mit Ihnen über Torstens Verhalten im Unterricht sprechen möchte. Wir haben dafür eine Stunde, also bis 16.00 Uhr Zeit." Das ist wichtig, damit alle Beteiligten von den gleichen Voraussetzungen sowohl zeitlich als auch inhaltlich ausgehen. Es ist immer gut, niemanden im Unklaren zu lassen, denn das verunsichert denjenigen, der nicht weiß, was auf ihn zukommt oder ihn erwartet. Ein Gesprächsteilnehmer, der nicht weiß, was ihn erwartet oder was von ihm erwartet wird, ist durch diese Verunsicherung abgelenkt. Er ist zunächst damit beschäftigt herauszufinden, worum es geht, ob er angegriffen werden könnte, ob die Situation für ihn bedrohlich oder beängstigend werden könnte. In der Folge versucht er sich zu schützen oder gegen vermeintliche Vorwürfe zu wappnen. Auf diese Weise ist er nicht in der Lage, Ihren Ausführungen konzentriert zu folgen. Leicht entsteht dann eine unruhige Stimmung und auch Missverständnisse.

Nun beginnt der inhaltliche Teil des Gesprächs. Je nachdem, welches Ziel, welche Inhalte vorliegen, folgen Sie Ihrer differenzierten Vorplanung, ohne auf deren Einhaltung zu beharren. Evtl. können neue Erkenntnisse es notwendig machen, den Verlauf zu verändern. Dann ist es wichtig, dem Prozess zu folgen und nicht dem Inhalt oder der eigenen Vorplanung.

Wenn alle Informationen zum Thema ausgetauscht sind, werden Vereinbarungen getroffen. Circa zehn Minuten vor Ablauf der Zeit läuten Sie das Ende ein („Wir haben jetzt noch zehn Minuten Zeit. Gibt es noch etwas, was wir von Ihnen zu unserem Thema wissen sollten oder was Sie noch zu dem Thema sagen möchten?"). Fassen Sie das Gespräch in ein paar Sätzen zusammen und wiederholen Sie die Vereinbarung. Werden unterstützende oder begleitende Maßnahmen beschlossen, legen Sie Zuständigkeiten bzw. Verantwortlichkeiten fest. Legen Sie gemeinsam einen zeitlichen Rahmen fest, bis wann welche Aufgabe zu erledigen ist. Falls Sie der Familie eine Hausaufgabe (siehe auch Kapitel 4.2.4) geben möchten, ist jetzt der richtige Zeitpunkt dafür. Sie schließen das Gespräch mit ein oder zwei positiven Rückmeldungen an die Familie ab, indem Sie beim Schlusswort noch einmal mindestens eine Stärke jedes Einzelnen benennen (siehe auch Kapitel 4.2.4), z.B.: „Herr Schneider, ich bin beeindruckt, wie Sie neben Ihrer anstrengenden Schichtarbeit noch so viel Zeit und Energie haben, sich so intensiv um Ihre Tochter zu kümmern.", „Maria, wie du dich gestern für deine Freundin eingesetzt hast, finde ich ganz klasse." Dies baut das Selbstbewusstsein aller auf und motiviert jeden, seinen Beitrag zum Erreichen des Ziels zu tun. Sie können ohnehin nur an den Stärken ansetzen, denn mit Schwäche kann niemand eine Veränderung bewältigen. Dazu braucht jeder die Kraft aus seinen Stärken. Nutzen Sie die Tatsache, dass immer der letzte Eindruck am stärksten in Erinnerung bleibt. Das sind in diesem Fall Ihre die Ressourcen verstärkenden Worte zum Schluss, z. B. an alle gerichtet: „Ich bin sicher, mit unseren heute entwickelten Maßnahmen schaffen wir es gemeinsam, Marias Ziel zu erreichen, sich in Mathe um eine Note zu verbessern!" Dann verabschieden Sie sich (siehe Formular 6: Checkliste für den Ablauf des Gesprächs).

2.2.4 Der Abschluss des Gespräches

Wenn das zeitliche Ende des Gesprächs naht (ca. zehn Minuten vor Schluss), ist es empfehlenswert, darauf hinzuweisen und zu fragen oder zu sagen, was heute noch besprochen werden soll. Dann fasst die Gesprächsleiterin noch mal das Gesagte zusammen und formuliert ggf. die getroffenen Vereinbarungen. Sind weitere Maßnahmen oder Unterstützungsangebote verabredet worden, wird die jeweilige Verantwortlichkeit präzise festgelegt. Der Vater kümmert sich z. B. um Logopädie, die Lehrer/in spricht noch einmal mit der Fachlehrer/in, die Mutter überwacht während der nächsten vier Wochen die Hausaufgaben.

Bei der Zusammenfassung wird das Problem neu, mit einem positiven Aspekt formuliert, sodass den Eltern eine neue Sichtweise ermöglicht wird. Ging es um Verhaltensweisen des Kindes, ist die Erwähnung eines positiven Aspektes besonders wichtig. Dadurch wird das Wertesystem der Familie verändert und erweitert. Wenn es sinnvoll erscheint, wird eine entsprechende Hausaufgabe (siehe Kapitel 4.2.4) gegeben. Es ist wichtig, beim Abschluss eines Gespräches den Blick auf die Ressourcen der Familie, ggf. der einzelnen Familienmitglieder zu lenken. Alle Beteiligten bekommen ein positives Feedback. Selbst bei einer Familie, die Sie als sehr schwierig und wenig kooperativ empfinden, gibt es positive Aspekte. Zum Beispiel: „Ich habe heute bemerkt, dass Sie sich viele Gedanken über Ihr Kind machen.", „Schön, dass Sie sich die Zeit genommen haben, heute hierherzukommen und das Thema mit uns zu besprechen."

Falls eine Vereinbarung getroffen wurde (z. B. vereinbaren die Eltern einen Termin bei der Logopädin, der Schüler kümmert sich um Nachhilfe), wird ein weiterer Termin verabredet, um die Ergebnisse auszutauschen. Dann bedanken Sie sich für das Gespräch und geleiten die Eltern zur Tür.

Übung 14:
Denken Sie an eine Familie aus Ihrer Klasse oder an Ihre eigene Familie oder Ihre Nachbarn; möglichst eine Gruppe, mit der Sie gerade Streit oder Unstimmigkeiten hatten. Notieren Sie zu jedem Mitglied dieser Gruppe drei positive Eigenschaften, welche Sie demjenigen ehrlich sagen können.

2.2.5 Die Reflexion

Die Einplanung einer Reflexion unmittelbar nach dem Elterngespräch halte ich für unbedingt erforderlich. Eine fundierte Reflexion bietet die Chance, das eigene Verhalten zu überprüfen und evtl. Folgetermine mit der Familie zu optimieren. Deshalb sollten Sie sich diese Zeit nehmen und von vornherein mit einkalkulieren. Sie profitieren auch in Hinblick auf Gespräche mit anderen Familien, indem Sie lernen, unglückliche Formulierungen durch zielförderliche Ausdrucksweisen zu ersetzen. Eventuell haben Sie neue Erkenntnisse in dem Gespräch gewonnen, aus denen Sie veränderte pädagogische Handlungspläne für das Kind ableiten. Haben Sie das Gespräch gemeinsam mit einer Kolleg/in geführt, ist es nun wichtig, die Wahrnehmungen und Fakten abzugleichen.

Halten Sie Ihren ersten Eindruck unmittelbar nach dem Gespräch schriftlich fest. Sie können dazu die Checkliste zur Reflexion nutzen. Ist Ihr erster Eindruck positiv, haben Sie ein gutes Gefühl oder stört Sie irgendetwas? Wenn Sie ein ungutes Gefühl haben oder irgendetwas als störend empfinden, gehen Sie dem nach. Dies gibt Ihnen wichtige Hinweise für die Planung des weiteren Vorgehens. Sind Sie zu zweit bei dem Gespräch gewesen, überprüfen Sie, ob sich die gewählte Rollenverteilung bewährt hat: Wenn ja, was war daran besonders förderlich, wenn nein, was hat gestört bzw. welche Aufteilung wäre besser gewesen? Gehen Sie das Gespräch mit Ihrer Kolleg/in noch einmal durch, reflektieren Sie Ihr eigenes Verhalten und Gefühl und das Ihrer Kolleg/in. Vergleichen Sie Ihre Wahrnehmungen mit den Beobachtungen Ihrer Kolleg/in. Fragen Sie sich, ob und wie Sie Ihr Ziel erreicht haben und woran sie dies bemerkt haben. Meistens reichen ca. 15 Minuten für eine Reflexion aus.

In der Checkliste (im Anhang) finden Sie einige Fragen, die für eine Reflexion hilfreich sind (siehe Formular 7: Checkliste Reflexion).

3 Ein Blick auf die Schüler/innen

Was ein Kind tut, soll nicht als eine Handlung,
sondern als Symptom aufgefasst werden.
(Marie Freifrau von Ebner-Eschenbach)

3.1 Wahrnehmung der Schüler/innen

In einem Lehrer-Schüler-Eltern-Gespräch soll es in der Regel um die schulischen und sozialen Fähigkeiten der Schüler/in gehen. Grundlage Ihrer Ausführungen den Eltern und Schüler/innen gegenüber sind Ihre Beobachtungen und Wahrnehmungen der Schüler/in. Sie nehmen alle Schüler/innen nicht nur im Unterricht sondern in diversen Situationen wahr:

▸ während des Unterrichtes
▸ im Umgang mit Ihnen als Lehrer/in
▸ im Umgang mit einzelnen Mitschüler/innen
▸ im Verhalten in Kleingruppen
▸ im Umgang mit guten und schlechten Noten und Arbeitsergebnissen
▸ bei der aktiven Beteiligung am Unterricht
▸ ihre Ausdrucksweise
▸ ihre Integration in die Klassengemeinschaft
▸ ihre Position innerhalb der Klasse
▸ ihre Konzentrationsfähigkeit
▸ in den Pausen
▸ im Umgang mit Ihnen als Pausenaufsicht
▸ im Umgang mit einzelnen Mitschüler/innen aus ihrer Klasse
▸ im Umgang mit einzelnen Mitschüler/innen aus anderen, höheren oder niedrigeren Klassen
▸ im Verhalten in Kleingruppen mit Freund/innen
▸ auf Ausflügen
▸ die Selbstständigkeit oder Anhänglichkeit an Betreuungspersonen oder Freund/innen auf Klassenfahrten
▸ im Umgang mit Ihnen als Lehrer/in in einer zeitlich längeren Freizeitsituation
▸ im Umgang mit einzelnen Mitschüler/innen in der Freizeit
▸ im Verhalten in Kleingruppen in fremder räumlicher Umgebung
▸ die Selbstständigkeit oder Anhänglichkeit an Betreuungspersonen oder Freund/innen in einer größeren Entfernung von Zuhause und Eltern
▸ bei Elterngesprächen
▸ im Umgang mit Ihnen als Lehrer/in im Beisein der Eltern
▸ im Umgang mit ihren Eltern in Ihrem Beisein
▸ ihre Fähigkeit zuzuhören und sich auszudrücken

Zur Vorbereitung eines Lehrer-Schüler-Eltern-Gesprächs setzen Sie sich mit jedem Schüler auseinander. Sie schauen seine Noten und Lernfähigkeiten an, um mit den Eltern und Schüler/innen darüber zu sprechen. Ich habe eine Tabelle als Grundlage zu Beobachtung und Wahrnehmung von Schüler/innen entwickelt.

Diese ist weiter hinten abgebildet. Sie dient als Orientierung und Ordnung der Wahrnehmungen und Beobachtungen, die Sie als Klassenlehrer/in bereits gemacht haben. Manchmal ist es hilfreich, ein Raster zu haben, um alle Kompetenzen zuzuordnen und zu erfassen. Sie können die Tabelle nutzen, um einmal im Jahr die Entwicklung Ihrer Schüler zu dokumentieren. So erstellen Sie im Laufe der Jahre eine Übersicht, die die Entwicklung Ihrer Schüler/innen festhält (siehe Formular 8: Tabelle Schlüsselkompetenzen).

3.2 Aussagen von Schüler/innen: Das muss ich mir nicht anhören! Oder was Sie auch hören könnten

Manche Aussagen von Schüler/innen können eine Lehrer/in auf der persönlichen Ebene treffen. Je nachdem, auf welchem Ohr (s. Kapitel 1.6.1) Sie besonders hören, reagieren Sie auf verbale Aussagen der Schüler/innen und empfinden diese als mehr oder weniger verletzend. Indem diese Aussagen hinterfragt werden und dadurch herausgearbeitet wird, was dahinter stecken könnte, lernen Sie die Schüler/in besser verstehen. Gleichzeitig entwickeln Sie eine professionelle, empathische Distanz, mit der Sie Ihre Schüler/innen ernst nehmen und ihnen annehmend begegnen können. Andererseits müssen Sie sich auch nicht alles gefallen lassen. Schüler/innen nehmen Lehrkräfte offensichtlich nicht wirklich als menschliches Gegenüber wahr. Oft verhalten sie sich Ihnen gegenüber unhöflicher und frecher als anderen Menschen gegenüber. Schüler/innen unterbrechen ihre Lehrer/in, sprechen während des Unterrichts miteinander oder benutzen ihr Handy, schauen gelangweilt aus dem Fenster, ignorieren Anweisungen etc. Dies alles sind Verhaltensweisen, die man im Kontakt zu Mitmenschen üblicherweise und höflicherweise nicht zeigt, es ist respektlos und ignorant. Was veranlasst Schüler/innen zu einem solchen ungehörigen Verhalten? Für die Schüler/innen ist die Lehrer/in oft der „natürliche Feind", der ihnen eigentlich nur Böses will. „Sie wollen mich ja nur fertigmachen!", „Sie wollen ja nur, dass ich vom Gymnasium fliege!", „Sie können mich ja eh nicht leiden!" Schüler/innen projizieren ihre eigenen Schwächen, schlechte Noten, Versetzungsgefährdung, Sitzenbleiben etc. auf die Lehrer/in. Sie ist schuld daran, wenn die Zensuren schlecht sind oder das Kind vom Gymnasium auf die Realschule wechseln muss. Es ist psychisch zunächst leichter, die Schuld nicht bei sich zu suchen, sondern sie jemand anderem zuzuschieben. Dann kann ja die Schüler/in nichts dafür, dass sie z. B. in Englisch eine Fünf hat. „Bei der Lehrer/in habe ich keine Chance auf eine bessere Note. Sie nimmt immer nur die anderen dran. Sie kann mich nicht leiden und außerdem ist der Unterricht langweilig." Manchmal gelingt es in einem Gespräch, den Blick der Schüler/in auf ihren eigenen Anteil an der Zensur zu lenken. Erst dann ist eine Verbesserung möglich. Schüler/innen sind leicht irritiert und verunsichert, wenn sie die Lehrkraft außerhalb der Schule treffen, z. B. im Einkaufszentrum oder beim Spaziergang. Es ist für sie – obwohl sie es natürlich intellektuell wissen – irritierend, dass die Lehrer/in auch ein privater Mensch ist, der Familie hat, einkaufen geht, Freunde hat, der geliebt und gemocht wird, der nett und fröhlich ist. Das passt nicht in ihr Bild von der Lehrkraft als Feind, der nicht nett sein kann oder darf. Nimmt die Schüler/in an der Lehrkraft positive oder auch nur private, ganz normale Lebensumstände wahr, wird das Feindbild angekratzt und droht zerstört zu werden. Die Lehrer/in passt nicht mehr in die Schublade. Das ist irritierend und unbequem. Da ist es viel einfacher, zu ignorieren, dass Lehrer/innen ganz normale Menschen sind, die ebenso viel Respekt und Achtung verdienen, wie jeder andere Mensch auch. Natürlich und glücklicherweise sind nicht alle Schüler/innen so, aber wenn alles reibungslos und problemlos verliefe, bräuchten Sie dieses Buch nicht.

In Kapitel 1.6.1 haben Sie über die vier Münder, mit denen wir sprechen und die vier Ohren, auf denen wir hören, gelesen. Mithilfe dieses Modells lassen sich Aussagen von Schüler/innen sehr gut hinterfragen, denn in jeder Äußerung steckt auch eine Selbstaussage. Nachdem Sie sich durch Reflexion darüber im Klaren sind, auf welchem Ohr Sie vorrangig hören, können Sie verbale Angriffe überprüfen: ist die Aussage so gemeint, wie Sie sie gehört haben? War sie für das Ohr bestimmt, auf welchem Sie sie gehört haben? Was steckt als Selbstoffenbarung hinter den Worten? Wie können Sie auf die Selbstoffenbarung reagieren, was können Sie darauf antworten? Auf diese Weise, nehmen Sie die Worte nicht persönlich, sondern können der Schüler/in auf der Beziehungsebene entgegenkommen und einen positiven Kommunikationsprozess initiieren.

Die Schülerin Katja ist in der 10. Klasse im Gymnasium. Ihre Noten sind in drei Fächern auf Fünf, in drei anderen Fächern hat sie eine knappe Vier. Wenn Katja ihre Noten nicht deutlich verbessern kann, muss sie das Gymnasium verlassen und auf die Realschule wechseln. Im Halbjahresgespräch reden Sie mit Katja über ihren Leistungsstand. Katja weiß natürlich über ihre Zensuren Bescheid und reagiert aggressiv: „Sie wollen ja bloß, dass ich vom Gymnasium runter muss! Sie wollen mich fertigmachen! Sie Arschloch."

Reagieren Sie als Lehrkraft auf den aggressiven Ton und das Schimpfwort mit einem ebenfalls aggressiven, vorwurfsvollen, abwehrenden Ton: „Du spinnst ja wohl, mich Arschloch zu nennen! So weit kommt das noch, reiß dich gefälligst zusammen!", sind Sie mitten in einem Streit, der zu nichts führt. Im Gegenteil, die Fronten werden sich verhärten und beide Seiten werden aus Selbstschutz eine Abwehrhaltung einnehmen. Auch ein Eingehen auf den Vorwurf, „Sie wollen ja bloß, dass ich vom Gymnasium runter muss! Sie wollen mich fertigmachen!", hat wenig Sinn. Sie werden beginnen zu erklären, dass das nicht stimmt und Katja wird immer mehr Gründe finden, warum es ihrer Meinung nach doch stimmt. Eine sinnlose Diskussion entsteht.

Was könnte hinter Katjas Ausbruch stehen? Katja empfindet es offensichtlich als Niederlage, wenn sie zur Realschule wechseln muss, sie fühlt sich als Versagerin und projiziert diese Gefühle auf Sie als Lehrkraft. Sie sind schuld daran, nicht Katja, wenn sie so schlechte Zensuren hat. Wahrscheinlich fühlt sie sich hilflos, weiß nicht, wie sie es schaffen soll, ihre Noten zu verbessern. Ziemlich sicher hat sie Angst vor der Blamage, wie steht sie vor ihren Freund/innen da und erst recht in der neuen Schule. Hören Sie die Angst und Hilflosigkeit auf der Selbstoffenbarungsebene hinter Katjas Angriff, fühlen Sie sich nicht persönlich angegriffen und können antworten: „Katja, bitte lass diese Schimpfwörter. Hast du Angst, dass du zur Realschule wechseln musst? Hast du Angst, dass du es allein nicht schaffst, deine Noten zu verbessern? Wollen wir gemeinsam überlegen, wie das gehen kann?" Sie können fragen: „Was kannst du selber tun, um deine Noten zu verbessern? Wer oder was kann dir dabei helfen?" Hilfe anbieten: „Wie kann ich dich unterstützen, deine Noten zu verbessern?" Katja fühlt sich ernst genommen und verstanden, ihre vordergründige Aggression als Abwehrhaltung bzw. Selbstschutz braucht sie nicht mehr. Sie kann mit Ihrer Unterstützung überlegen, was zu tun ist.

Sie hören	*Sie könnten auch hören*
„Herr Schulze ist ein echtes Arschloch."	„Ich bin wütend auf Herrn Schulze, weil er mir eine Fünf in Mathe gegeben hat!"
„Nee, mach ich nicht!"	„Ich habe keine Ahnung, wie ich das hinkriegen soll."
„Sie können mich ja doch nicht leiden."	„Ich habe Angst, dass Sie mich nicht mögen und ich deswegen schlechte Noten bekomme."
„Sie wollen mein ganzes Leben versauen."	„Ich habe Angst, das Abi nicht zu schaffen, dann dreht mein Vater durch!"
„Sie haben ja keine Ahnung."	„Interessieren Sie sich für mich, fragen Sie mich doch mal, wie es mir in der Schule geht."
„Wozu sollen wir den ganzen Scheiß lernen?"	„Ich sehe keinen Sinn darin, den Stoff zu lernen, ich brauche ihn doch sowieso nie wieder. Sagen Sie mir einen Grund, damit ich wieder Lust zum Lernen habe."

Im Folgenden stelle ich einen Fall vor, an dem deutlich wird, wie ein massiver Konflikt entsteht, weil eine Schülerin interpretiert und daraufhin handelt, ohne sich zu vergewissern, dass sie mit Ihrer Interpretation richtig liegt. Des Weiteren wird hier deutlich, wie ein klares und besonnenes Verhalten der Lehrerin zu einer guten Lösung der Krise führt.

Beispiel aus dem Jahr 2010
Frau Konen*, 51 Jahre alt, ist Lehrerin an einer Gesamtschule. An der Schule wird von der 7. bis 10. Klasse unterrichtet. Sie hat z. Zt. eine 9. Klasse als Klassenlehrerin und gibt Fachunterricht in anderen Klassen. In ihrer Klasse, mit der sie seit zwei Jahren zusammenarbeitet, ist seit 2 Wochen eine neue Schülerin. Vanessa ist 16 Jahre alt, präsentiert sich sehr selbstbewusst und hat sich gleich für die anstehende Wahl zur Klassensprecherin aufstellen lassen.

Zur Situation: Frau Konen gibt Fachunterricht in einer anderen Klasse. Hier entwickelt sich ein Konflikt, in dessen Folge Manuela, 15 Jahre alt, heftig weint. Manuela hat auch in anderen Situationen häufig sehr emotional reagiert. Deshalb macht sich die Lehrerin keine großen Sorgen, sondern bietet ihr an, mit einer Freundin den Klassenraum zu verlassen und zur Toilette zu gehen, um sich beruhigen und die Schminke wieder in Ordnung bringen zu können. Manuela geht weinend mit ihrer Freundin auf die Toilette.

Vanessa trifft in der Mädchentoilette auf die schluchzende Manuela. Sie bekommt mit, dass es einen Konflikt im Unterricht bei Frau Konen gegeben hat und Manuela sauer auf die Lehrerin ist. Vanessa versteht sich als sehr gerecht und sieht es als ihre Aufgabe an, sich für andere unterdrückte oder ungerecht behandelte Menschen einzusetzen. Dies tut sie nun auch für Manuela. Allerdings hat sie Manuela weder gefragt, ob Frau Konen die Tränen verursacht hat noch ob Manuela überhaupt etwas gegen Frau Konen unternehmen möchte und ob und vor allem in welcher Form sie Unterstützung von Vanessa möchte.

Nach diesem Vorfall erhält Frau Konen zu Hause Drohanrufe. Die Stimme ist automatisiert und deshalb nicht zu erkennen. Es werden massive Beschimpfungen und Drohungen ausgesprochen, die teilweise auf dem Anrufbeantworter gespeichert werden. Frau Konen ist entsetzt und schockiert. So etwas hat sie während ihrer ganzen Laufbahn noch nie erlebt. Sie kann sich überhaupt nicht vorstellen, von wem das kommt. Sie kennt ihre Klasse seit zwei Jahren und kann sie einschätzen. Keinem Schüler oder Schülerin aus ihrer Klasse traut sie so etwas zu. Die Klasse wird über die Drohanrufe informiert. Frau Konen möchte herausfinden, wer und was dahinter steckt. Mit dem Klassenlehrer von Manuela ist

* Die Namen aller Beteiligten wurden geändert.

sie sich sofort einig: Sie kann es nicht gewesen sein, auch wenn sie aufgrund des Konfliktes kurzzeitig sauer war. Die Schulleiterin wird von Anfang an über alle Vorgänge informiert.

Bei allen Anrufen war die Telefonnummer nicht unterdrückt und so hat Frau Konen wenigstens die Handynummer der Anrufenden. Um den/die Besitzer ermitteln zu können, muss Frau Konen eine Strafanzeige erstatten und zusätzlich einen Anwalt einschalten, der Akteneinsicht erhält. Dies ist notwendig, auch wenn sie die Angelegenheit nicht polizeilich verfolgen lassen will.

Als sie nun den Namen der Handybesitzerin erfährt, ist sie völlig überrascht: es ist die Mutter von Vanessa, Frau Menken. Sofort wird die Schulleitung informiert und Vanessa mit ihrer Mutter zu einem Gespräch eingeladen. Frau Menken möchte mit Frau Konen vorher sprechen. Während des Telefonates entschuldigt sich die Mutter sofort bei der Lehrerin für das Vorgehen ihrer Tochter. Es ist ihr sehr unangenehm und schrecklich für sie, weil sie auch Angst vor den polizeilichen Ermittlungen gegen Vanessa hat. Im Verlaufe des Gespräches versichert Frau Konen der Mutter, dass es ihr nie um eine polizeiliche Ermittlung ging, sondern dass sie die Anzeige erstatten musste, um die Besitzerin der Handynummer ermitteln zu können. Die Anzeige wird sofort zurückgezogen. Die Mutter ist beruhigt. Für beide Frauen ist damit eine gute Voraussetzung für das gemeinsame Gespräch in der Schule geschaffen. Die Bedrohung durch die Anzeige ist gebannt.

Das Gespräch wird von einem Kollegen moderiert. Während Frau Menken sich entschuldigt und das Verhalten ihrer Tochter mit deutlichen Worten missbilligt, besteht Vanessa weiter darauf, sich für Andere einzusetzen. Die Lehrerin hat das Gefühl, dass sie nicht bereit ist, zu ihrem Vorgehen zu stehen und einzusehen, dass die Mittel inakzeptabel und falsch waren. Frau Konen will deshalb von der Schülerin wissen, warum sie sich nicht an sie gewandt hat, wenn sie den Eindruck hatte, dass die Lehrkraft eine andere Schülerin ungerecht behandelt. Vanessa erklärt dies damit, dass sie Frau Konen als sehr streng empfindet und Angst vor ihr hat. Sie kann nicht zugeben, dass ihr Vorgehen mit den anonymen Drohanrufen feige war, allerdings sagt sie, dass sie so etwas nicht wieder tun würde.

Frau Konen wertet dieses Gespräch nur teilweise als erfolgreich. Entlastend und klärend ist die Aufklärung der Drohanrufe und das eindeutige Verhalten der Mutter. Unbefriedigend ist für sie, dass die Schülerin ihr Fehlverhalten nicht einsieht und somit eine Verhaltensänderung bezüglich des Agierens für Andere ohne deren Zustimmung ausgeschlossen ist. Enttäuschend findet sie außerdem, dass anonyme Beschimpfungen von der Schülerin auch noch am Ende des Gesprächs als „legitimes Mittel" des Widerstands gewertet werden, es ihr also nicht um Konfliktbewältigung, sondern nur um selbstgerechte Rache ging. Es wird besprochen, dass die Klasse informiert wird. Vanessa ist einverstanden.

Die Schulklasse reagiert geschockt, als sie erfährt, dass Vanessa die Anrufe getätigt hat. Die Schüler besprechen sich, und die Klassensprecherin fragt Frau

Konen, ob sie unter diesen Umständen weiter mit Vanessa arbeiten kann und möchte. Die Lehrerin empfindet diese Frage und das eindeutige, mitfühlende und soziale Verhalten der Schüler/innen als positiv und unterstützend. Sie lässt keinen Zweifel daran, dass Vanessa in der Klasse bleiben darf. Vanessa wird allerdings für die Wahl zur Klassensprecherin nicht aufgestellt, sie wäre auch nicht gewählt worden. Vor dem Vorfall hatte sie durch ihr selbstbewusstes Auftreten die Mitschüler/innen ihrer Klasse beeindruckt. Nach ihrem selbstgerechten, verletzenden und nicht zuletzt auch strafbaren Handeln ließen die Mitschüler/innen ihr deutlich weniger Raum. Die Klasse wird insgesamt in der Schule als sehr sozial eingeschätzt. Die Mitschüler haben in dem massiven Konflikt trotz ihrer Betroffenheit besonnen, einfühlsam und konsequent reagiert. Sie haben Vanessa nicht aus ihrer Mitte verstoßen, sondern waren in der Lage, ihr trotzdem einen angemessenen Platz in der Klasse einzuräumen.

Fallanalyse

Die Lehrerin sagt, Vanessa „versteht sich als sehr gerecht". Sie scheint der Überzeugung zu sein, dass sie sich für andere einsetzen muss. Es geht Vanessa dabei vordergründig um andere Menschen, die ihrer Meinung nach Unterstützung brauchen. Ich denke, es geht Vanessa um sich selbst. Sie hat ein ausgeprägtes Gerechtigkeitsgefühl, welches massiv verletzt wird, wenn sie mitbekommt, wie eine andere Person ihrer Wahrnehmung nach ungerecht behandelt wird. In dem Moment scheint sie so aufgebracht zu sein, dass sie nicht mehr in der Lage ist, zu überprüfen, ob ihre eigene Wahrnehmung von der Mitschülerin geteilt wird, ob diese ihre Hilfe möchte und welche Mittel der Situation angemessen sein könnten. Sie scheint emotional völlig gefangen, fokussiert und gleichzeitig aus dem Gleichgewicht zu sein. Um ihre emotionale Balance wieder herzustellen, muss sie handeln. Erst, wenn ihre empfundene Ungerechtigkeit „gesühnt" ist, stabilisiert sie sich wieder.

Bezogen auf das Problemdreieck (s. Kapitel 1.3.) hat im Ursprung Manuela ein Problem (Konflikt mit der Lehrerin) und nicht Vanessa, die Manuela vor dem Treffen in der Toilette nicht einmal kannte. Vanessa hatte bis dahin kein Problem, übernimmt Manuelas angebliches Problem und handelt dann für Manuela. Paradoxerweise übernimmt sie dabei noch nicht einmal deren Problem, um ihr Vorgehen zu rechtfertigen. Sie agiert aus Eigennutz, um ihr emotionales Gleichgewicht wiederzuerlangen und zu erhalten. Dies zeigt sich auch, als sie im Gespräch in der Schule ihr Verhalten nicht als Fehlverhalten einsehen kann. Sie würde es wieder tun, sie muss es sogar wieder tun, um ihre Emotionen in Balance zu bringen und ihr Selbstbewusstsein zu erhalten.

Manuela reagiert – nach Erfahrungen der Lehrer/innen – schnell sehr emotional, beruhigt sich nach einem heftigen Gefühlsausbruch schnell wieder und kann die Situation dann klären. Sie kann ihr Problem selbst lösen und es wäre ihr nie in den Sinn gekommen, dass Vanessa sich für sie einsetzen könnte.

Die Lehrerin ist schockiert und zunächst auch hilflos den massiven anonymen Beschimpfungen und Drohungen gegenüber. Trotzdem geht es ihr nicht um Rache oder Strafverfolgung, sondern um die Ermittlung der Hintergründe und der Täterin. Sie handelt trotz ihrer großen persönlichen Betroffenheit sehr besonnen. Ihr Vorgehen ist von Klarheit, Transparenz und dem Willen zur Aufklärung geprägt. Sie informiert sofort die Schulleiterin, die anderen Lehrer/innen und die Schüler/innen ihrer Klasse. Frau Konen ist offenbar emotional gefestigt und hat eine hohe soziale Kompetenz. Gewiss spielt auch die lange Berufserfahrung eine Rolle bei ihrem Vorgehen. Obwohl sie persönlich angegriffen wird und verletzt ist, ist sie dennoch in der Lage, die Probleme differenziert einzuordnen und präzise zu überlegen, was die nächsten Schritte sein sollten. Als sie erfährt, dass Vanessa die Anruferin ist, ist sie überrascht, hatte sie doch bei einem 16-jährigen Mädchen eine andere Reife der Persönlichkeit erwartet. Es schmerzt sie, dass Vanessa ihr strafbares Vorgehen nicht als falsch einsieht, sondern – im Gegenteil – sich weiterhin ungefragt für andere einsetzen will, wenn auch nicht mehr mit anonymen Drohanrufen. Frau Konen kann und will trotzdem mit Vanessa weiter in der Klasse zusammenarbeiten und zeigt dadurch u. a. persönliche Stärke. Sie nimmt Vanessa als ein in der Entwicklung befindliches Mädchen wahr, welches sich ihr gegenüber inakzeptabel verhalten hat. Entscheidend ist letztlich an dem Fallbeispiel, dass sich Frau Konen der Konfliktsituation gestellt und eine Aufklärung herbeigeführt hat.

An diesem Beispiel zeigt sich sehr deutlich, wie sehr unsere Wahrnehmung von unseren eigenen Erfahrungen, Gefühlen und Werten abhängt und auch davon, auf welchem Ohr wir in welcher Situation hören und wie unsere Kommunikation unter Stress vorrangig abläuft.

Immer wieder liegen Menschen mit ihren Einschätzungen und Interpretationen nicht ganz richtig oder sogar völlig falsch. Es ist also für ein professionelles Handeln unerlässlich, eigene Wahrnehmungen zu überprüfen, Interpretationen durch Nachfragen abzusichern und sich selbst zu reflektieren. Dann können Sie die Probleme entsprechend zuordnen und ggf. (auch mit Hilfe der Schulleitung oder eines Schulpsychologen) Unterstützung anbieten.

4 Fragetechniken und Abläufe der systemischen Gesprächsführung

*Das Furchtbarste so sagen,
daß es nicht mehr furchtbar ist,
daß es Hoffnung gibt, weil es gesagt ist.
(Elias Canetti)*

© Bildquelle

4.1 Fragetechniken

Für die Gesprächsführung gibt es verschiedene Fragetechniken. Bei der Vorplanung des Gesprächs (siehe Kapitel 2.2) wird das Ziel herausgearbeitet. Hieraus ergeben sich die geeigneten Fragetechniken, um das Ziel des Gesprächs möglichst effizient zu erreichen. Mit dem gezielten Einsatz bestimmter Fragen beeinflussen Sie das Gespräch in die gewünschte Richtung. Gesprächsführung heißt: die Führung des Gesprächs übernehmen. Das beinhaltet, das Gespräch in der Hand zu haben, es zu leiten und zu lenken. Sie können das Gespräch kurz halten, zum reinen Informationsaustausch, oder es offen gestalten und die Eltern frei erzählen lassen.

Es ist hilfreich, sich vor dem Gespräch mit den Fragemöglichkeiten zu befassen und, insbesondere für den Beginn des Gesprächs, die geeignete auszuwählen. Um die unterschiedliche Wirkung zu erproben, bieten sich Rollenspiele an, in denen Sie z. B. mit einer Kollegin das Gespräch üben. Dabei werden Sie schnell die angemessenen, zum Ziel führenden Fragen herausarbeiten.

Im Zusammenhang mit Fragen ist ein Satz wichtig: „Hüte dich vor den Fragen, deren Antwort du nicht wirklich hören willst."

Zum Beispiel: Auf die Frage: „Liebst du mich?", wollen Sie ein eindeutiges „Ja!" hören. Aber was ist, wenn dies nicht als Antwort kommt? Oder die Pause zu lang und bedeutungsschwer scheint? Das bedeutet für das Elterngespräch: Überlegen Sie sich, wie weit Sie in die Familiengeschichte, evtl. Eheprobleme usw. einsteigen wollen oder können. Wo ist die Grenze Ihrer Möglichkeiten und Kompetenzbereiche in der Schule erreicht? Überlegen Sie sich vor dem Gespräch, ob und welche weiterführenden Hilfs- bzw. Unterstützungsangebote Sie machen können, z. B. Ergotherapie, Psychotherapie, Erziehungsberatungsstelle, Nachhilfe, Logopädie (Tipp: Telefonnummern und Adressen bereithalten). Überlegen Sie auch, wo Ihre Grenzen sind, wo entweder Ihr Zeitrahmen oder Ihre Kompetenzen oder Ihre Privatsphäre beginnt. Sind Sie sich darüber vorher im Klaren, können Sie sich im Gespräch leichter abgrenzen. Daraus folgt, dass Sie für bestimmte Situationen geschlossene Fragen einsetzen, um den Gesprächsrahmen zu begrenzen.

4.1.1 Die offene Frage

Offene Fragen motivieren zum Nachdenken, Mitdenken und Sprechen. Sie fördern ein offenes Gespräch, weil sie wenig vorgeben und keine Vorschläge, sondern maximal eine Richtung anbieten. Sie ermöglichen freie Formulierungen bei der Antwort. Sie sind besonders gut zu Beginn des Gesprächs als Einleitung geeignet. Die Eltern können in der Gesprächssituation „ankommen", entspannen sich, wenn sie erst mal erzählen können, was und wie weit sie selber möchten. Sie bestimmen die Ausführlichkeit, mit der sie das Thema artikulieren, und können ihre eigene Meinung zum Ausdruck bringen.

Offene Fragen sind „W-Fragen": Was, Wie, Wann, Welche, Wo, Wodurch usw. Als einziges Fragewort fällt „Warum" heraus. Mit der Frage nach dem Warum (Warum ist das passiert, warum haben Sie so gehandelt...?) bringen Sie Ihren Gesprächspartner meistens in die Rechtfertigungsposition. Ein offener Gesprächsverlauf ist dann nicht mehr möglich. Das Gespräch wird stocken, Ihr Gegenüber zieht sich zurück.

Das kennen Sie von sich selbst. Zum Beispiel: Sie haben einen Fehler gemacht. Das wissen Sie selbst am besten. Fragt Sie jemand: „Warum hast du das gemacht?", fühlen Sie sich unter Druck gesetzt, werden sich rechtfertigen, vielleicht etwas „schönreden". So kann kein gutes Gespräch entstehen, Sie werden versuchen auszuweichen. Werden Sie hingegen gefragt: „Was ist passiert?", ohne einen Vorwurf zu hören, können Sie ohne Druck antworten. Fragen Sie: „Was ist passiert?", oder: „Wie ist das passiert?". Dann kann Ihr Gegenüber frei erzählen, wie er den Vorfall erlebt hat. Er oder sie muss keine Begründung (Rechtfertigung) suchen und fühlt sich frei zu erzählen, was vorgefallen ist.

Beispielfragen:
▸ Was ist passiert?
▸ Wie haben Sie das erlebt?
▸ Wie stellt sich das Problem oder Thema aus Ihrer Sicht dar?
▸ Wie lautet die Meinung Ihres Mannes dazu?
▸ Wie würde Ihr Sohn / Tochter es beschreiben?
▸ Welche Möglichkeiten wären denkbar?
▸ Wann ist das passiert?
▸ Kennen Sie das Gefühl (Ihres Kindes)?
▸ Was hat Ihnen damals geholfen?
▸ Was war anders an diesem Tag?
▸ Wann ist das (problematische) Verhalten nicht aufgetreten?
▸ Wie hat Ihr Kind die Situation erlebt?
▸ Wie sieht Ihr Tagesablauf aus?
▸ Womit fängt Ihr Tag an? Womit beginnt der Tag Ihres Kindes?
▸ Wo sehen Sie das Hauptproblem?
▸ Was ist für Sie dabei besonders schwierig?
▸ Was stört Sie an diesem Verhalten?

4.1.2 Die geschlossene Frage
Die geschlossene Frage dient eher der Klärung eines Sachverhalts. Sie bringt kein Gespräch in Gang, weil sie meist mit Ja oder Nein zu beantworten ist. Für den Gesprächsbeginn ist sie nicht geeignet. Diese Frageform schließt freies Sprechen zu einem Thema nahezu aus.

Beispielfragen:
‣ Meinen Sie damit die Schule an der Bergstraße?
‣ Kommen Sie morgen um 8.00 Uhr?
‣ Möchten Sie einen Gesprächstermin?
‣ Gehört der Pulli Ihrem Sohn?
‣ Beaufsichtigen Sie die Hausaufgaben?

4.1.3 Die Alternativfrage

Die Alternativfrage gibt zwei Antwortmöglichkeiten vor. Werden Eltern beispielsweise gefragt: „Sollen wir das Gespräch bei Ihnen zu Hause oder in der Schule führen?", setzen Sie als Fragende voraus, dass das Gespräch überhaupt stattfindet. Wollen Sie den Eltern die Wahl lassen, ob sie ein Gespräch möchten, müssten Sie eine geschlossene Frage stellen: „Möchten Sie ein Gespräch führen?" Die Alternativfrage schließt weitere Möglichkeiten aus. Es gibt nur die genannten, keine weiteren.

Diese Frage dient der Abklärung von Sachverhalten („Möchten Sie die Klassenfahrt in einer Summe oder in Raten bezahlen?") und ist sinnvoll bei Terminabsprachen, wenn Sie sich nicht völlig nach den Eltern richten wollen. Fragen Sie die Eltern mit einer offenen Frage: („Wann haben Sie Zeit für ein Gespräch?"), müssen Sie den Terminwunsch der Eltern akzeptieren. Bieten Sie zwei Alternativen an, können die Eltern nur zwischen diesen beiden wählen. Damit haben Sie selbst als Fragende/r den größeren Einfluss auf den Zeitpunkt des Gesprächs. In diesem Fall sind weitere Möglichkeiten nicht erwünscht.

Beispielfragen:
‣ Passt es Ihnen am Dienstag oder am Freitag besser?
‣ Möchten Sie den Termin vormittags oder nachmittags?
‣ Meinen Sie die Klasse 1A oder die Klasse 1B?

Die Alternativfrage ist manchmal ehrlicher als eine offene Frage. Gibt es nicht die freie Wahl, sondern nur zwei oder drei Alternativen, ist die offene Frage unfair. Ihr Gegenüber fühlt sich evtl. nicht ernst genommen, wenn Sie eine offene Frage stellen, aber tatsächlich z. B. nur zwei Alternativen anbieten können. Manchmal wird die offene Frage gestellt, ohne dass sie wirklich ernst gemeint ist, denn die Fragende hat schon Antworten im Hinterkopf.

Beispiel:

Eine Mutter fragt ihre Tochter: „Was möchtest du zu Mittag essen?" Die Tochter antwortet: „Würstchen mit Pommes und Ketchup!" Die Mutter hatte dieses Essen nicht in der Auswahl und sagt zu ihr: „Das gibt es nicht, das ist ungesund." Die Tochter wird vermutlich maulen und sich denken oder sagen: „Warum hast du mich dann überhaupt gefragt?!"

Die Mutter kann stattdessen eine Alternativfrage stellen: „Es gibt Nudeln mit Tomatensoße oder Kartoffelauflauf. Was davon möchtest du gern essen?" Dann kann die Tochter sich für eines dieser beiden Gerichte entscheiden.

Beispiel:

Eine Lehrkraft richtet Ihre Frage „Wohin sollen wir unseren nächsten Schulausflug machen?" an die Klasse. Sie selbst hat schon eine Idee im Hinterkopf, z. B. den Tierpark, einen Naturwald, ein Museum und weiß ganz sicher, dass sie nicht in den Freizeitpark oder zu Burger King möchte. Nun antworten die Schüler: „Wir möchten in den Freizeitpark oder in das Spaßbad." Die Schüler/innen fühlen sich nicht ernst genommen, wenn keine Ihrer Ideen aufgegriffen wird. Die Frage war offen formuliert und ließ alle Möglichkeiten zur Wahl. Wenn bestimmte Faktoren ausgeschlossen sind, sollten diese gleich mit benannt werden. „Ich möchte mit euch unseren Ausflug planen. Ich habe ein paar Ideen, möchte aber auch eure Ideen hören. Für mich kommt allerdings ein Freizeitpark oder Schnellrestaurant nicht in Frage. Welche Wünsche habt ihr?"

4.1.4 Die Suggestivfrage

Die Suggestivfrage ist eine Frage mit eingebauter Antwort. Sie unterstellt etwas und lässt kaum eine andere Antwort zu. Dadurch hemmt diese Frageart das Gespräch. Sie beeinflussen den Gesprächspartner, was durchaus kritisch zu sehen ist, da sie dem anderen die eigene Meinung unterschieben wollen.

Empfindet der Befragte eine negative Unterstellung, kann das Gespräch dadurch schnell in gefährliche Bahnen gelenkt werden. Diese Frageart sollte ausschließlich eingesetzt werden, um Eltern bewusst etwas Positives zu unterstellen. Zum Beispiel: Sie sind der Meinung, dass einem Kind Ihrer Klasse Ergotherapie guttun würde. Im Elterngespräch können Sie sagen: „Aus unserem Gespräch schließe ich, dass es Ihnen sicherlich auch wichtig ist, dass Maria in der Schule ihre kognitiven Fähigkeiten ausbaut?!"

Beispielfragen:

▸ Daran sind Sie doch sicherlich auch interessiert, oder?
▸ Wir wollen doch alle das Beste für Ihr Kind, daher melden Sie es doch bestimmt zur Ergotherapie an?

▸ Sie finden es doch auch wichtig, dass Ihr Kind sich in die Klasse integriert?
▸ Sie sind immer so interessiert an unserem Schulalltag, sicher kommen Sie zu unserem Elternabend?

Übung 15:
Führen Sie ein Gespräch mit einer Kolleg/in oder Freund/in und bleiben Sie konsequent bei einer vorher festgelegten Frageart. Dann wechseln Sie und Ihre Kolleg/in fragt Sie in einer Frageart. Anschließend besprechen Sie: Wie ging es mir als Befragte mit der geschlossenen Frage, mit der alternativen Frage usw.? Mit welcher Art zu fragen ging es mir am besten? Alternativ: Überprüfen Sie sich im Alltag: Wie oft stellen Sie eine offene Frage, ohne dass es wirklich die freie Auswahl gibt? Schreiben Sie Fragen auf, die Sie stattdessen stellen können.

Zusammenfassung
▸ Offene Fragen ermöglichen viele nicht vorher festgelegte Informationen.
▸ Offene Fragen sollten nur dann gestellt werden, wenn wirklich alles zur Wahl steht.
▸ Mit Alternativfragen können Sie die Auswahl bewusst auf die von Ihnen gewählten Möglichkeiten reduzieren.
▸ Warum-Fragen vermeiden!
▸ Interpretationen sind immer als solche darzustellen und durch Nachfragen abzusichern.
(siehe Formular 9: Formulierungshilfen 1)

4.2 Das systemische Gespräch

Das systemische Fragen ist eine Methode, um in einem Elterngespräch neue Erkenntnisse und Informationen zu erhalten. Es geht darum, dass beide Seiten (Lehrer/in und Familie) den Kontext des Systems (also Zusammenhänge, Werte, Grundsätze) besser verstehen und ggf. in Frage stellen. Beim systemischen Fragen handelt es sich um eine Art der Intervention.

In der Beschreibung des Problems offenbaren sich das Problem und seine Lösung. Das kennen Sie vielleicht: Sie wissen nicht so recht weiter und erzählen Ihr Problem einer Freund/in. Während Sie Ihrer Freund/in die Situation schildern, entdecken Sie einen Lösungsweg für sich und wissen auf einmal, was Sie tun müssen oder wollen.

Wichtiger als der Inhalt ist, dass wir dem Prozess folgen. Oft ergeben sich während eines Gesprächs neue Themen. Bedeutungen und Schwerpunkte verändern sich. Wie sich der Blickwinkel und das Ziel im Laufe eines Gesprächs verändern können, wird im folgenden Beispiel deutlich. Da ich das Gespräch in der Kita geführt habe, ist es kein Fall aus der Schule. Es geht hier darum zu zeigen, wie der Prozess verläuft. Der Inhalt bzw. der Fall an sich ist daher nebensächlich.

Beispiel:
Eine Mutter bringt ihre Tochter meistens erst lange nach dem Morgenkreis in die Einrichtung. Das Kind hat es schwer, in die Gruppe hineinzufinden. Die Orientierung für den Tag fand im Morgenkreis statt und fehlt ihr, die Spielgruppen haben sich bereits gebildet, und sie muss nun versuchen, in den bestehenden Gruppen einen Platz zu finden. Das gelingt ihr manchmal nur schwer. Wird sie nicht aufgenommen, reagiert sie aggressiv und haut die Kinder. Diese wiederum wollen nun erst recht nicht mit ihr spielen. Im Elterngespräch hat die Erzieherin das erklärte Ziel: die Mutter soll das Kind früher bringen.

Zu Beginn des Gesprächs fordert sie die Mutter auf, einen Morgen vom Aufstehen bis zur Ankunft in der Schule zu schildern. Die Mutter erzählt, dass es ihr schwerfällt, morgens früh aufzustehen, außerdem trödelt ihre Tochter lange rum. Sie schildert den Ablauf ausführlich und dadurch fällt der Erzieherin auf, dass sie nicht versteht, warum es der Mutter so schwerfällt, morgens aufzustehen. Sie fragt nach, wie die Abende in der Familie aussehen. Es stellt sich heraus, dass die Mutter in einer Kneipe arbeitet und erst gegen 3.00 Uhr früh nach Hause kommt. Der Vater arbeitet im Schichtdienst. Sofort ist klar, dass sie ihre Tochter nicht um 7.00 Uhr weckt, um sie um 8.00 Uhr in die Kita zu bringen.

Wäre die Erzieherin bei dem inhaltlichen Thema „Das Zuspätkommen und die Folgen für das Kind und die Gruppe" geblieben, wäre das Gespräch erfolglos geblieben. Folgt sie dem Prozess, indem sie ihre Fragen und den Gesprächsverlauf den aktuellen Informationen anpasst, ergeben sich wichtige neue Erkenntnisse. Während des Gesprächs entwickeln sich andere Ziele und andere Handlungsoptionen als vorher geplant. In diesem Fall wurde zum Beispiel überlegt, ob eine andere Mutter die Tochter mit in den Kindergarten bringen kann: „Haben Sie oder Ihre Tochter zu einer anderen Familie aus unserer Gruppe einen engeren Kontakt? Können Sie sich vorstellen, dass diese Mutter Ihre Tochter an einzelnen vereinbarten Tagen mit in die Kita nehmen kann?" Manchmal kann der Vater das Kind nach der Nachtschicht in die Kita bringen. An den anderen Tagen kommt das Kind eben später. Die Erzieherin kennt nun die Hintergründe, hat dadurch Verständnis und unterstützt das Mädchen beim Ankommen in der Gruppe. Der unterschwellige Vorwurf der Erzieherin an die Mutter ist durch die neuen Informationen verschwunden.

Gemäß Watzlawicks Feststellung, dass wir nicht nicht kommunizieren können, geben Ihre Fragen der Familie bereits Denkanstöße. Gezielt eingesetzte Fragen ermöglichen den Eltern einen neuen Blick auf das dargestellte Problem.

Indem die Eltern z. B. aufgefordert werden, den Tagesablauf detailliert zu schildern, wird ihr Blick auf Einzelheiten in ihrem Alltag gelenkt, die sie sonst gar nicht mehr wahrnehmen.

Mit Ihren Fragen geben Sie gleichzeitig Botschaften an die Eltern und die Schüler/in, indem Sie den Fokus auf einen bestimmten Aspekt des Themas lenken. Nehmen Vater und Mutter an dem Gespräch teil, potenziert sich die Wirkung der Fragen, weil jeder die Frage für sich anders interpretiert und auch zumindest in Teilen unterschiedlich beantwortet.

Wichtig ist, beide am Gespräch teilnehmenden Eltern und auch die Schüler/in einzubeziehen. Das heißt, dass Sie sich nicht nur auf einen (evtl. den vermeintlich leichteren) Elternteil konzentrieren. Ansonsten wird der andere sich innerlich zurückziehen und an der Lösung nicht weiter beteiligt sein und somit auch nicht an deren Umsetzung. Dies macht sich durch Unruhe, herumschweifende Blicke, Blicke zur Uhr, das Blättern in Papieren usw. bemerkbar. Wird z. B. der Vater unaufmerksam, vielleicht weil die Mutter länger erzählt, können Sie sagen: „Ich habe jetzt viel Interessantes von Ihnen gehört, mich würde interessieren, ob Sie als Vater das auch so sehen, so erlebt haben?" Oder zum Schüler gewandt: „Siehst du das auch so, wie deine Eltern dein Verhalten in Bezug auf die Hausaufgaben beschreiben?", „Wie würdest du die Situation bei den Hausaufgaben beschreiben?"

Beispielfragen:
- Was ist das Problem?
- Was hat Sie veranlasst, mich anzusprechen?
- Wer leidet am meisten unter dem Problem?
- Wie sieht Ihr Tagesablauf aus? Schildern Sie ihn bitte im Detail.
- Wann ist das von Ihnen beschriebene Verhalten zuletzt nicht aufgetreten?
- Was war anders in diesem Moment?
- Was wäre am nächsten Tag anders, wenn das Problem gelöst wäre?
- Wer würde als Erster bemerken, dass das Problem gelöst ist?
- Woran würde diese Person die Veränderung bemerken?
- Was muss heute hier passieren, damit Sie das Gespräch als erfolgreich werten?

Übung 16:
Schreiben Sie drei Namen von Kindern aus Ihrer Klasse auf, bei denen Sie ein Elterngespräch führen möchten. (Es muss nicht gleich ein schwerwiegendes Thema anstehen.) Schreiben Sie für jedes Gespräch eine Eingangsfrage auf, wie Sie sie sonst gestellt hätten. Notieren Sie die Antwort, welche Sie erwarten, sowohl der Mutter als auch des Vaters. Formulieren Sie nun eine systemische Eingangsfrage und schreiben Sie wieder die erwarteten Antworten beider Eltern auf.

Zusammenfassung

‣ Systemische Fragen sind bereits eine Intervention.

‣ In der Beschreibung des Problems offenbart sich das Problem und die Lösung.

‣ Im Gespräch können sich neue Sichtweisen oder Schwerpunkte ergeben, wenn wir dem Prozess folgen.

4.2.1 Die zirkuläre Frage

Diese Fragetechnik hilft Ihnen und den Familienmitgliedern zu verstehen, wie die Eltern denken und wie die Beziehungsmuster der Familie aussehen. In einer Familie hat jeder zu jedem eine Beziehung. Und außerdem nimmt jeder die Beziehungen der anderen zueinander wahr und verhält sich entsprechend dazu.

Zunächst besteht das System aus einem Paar. Mann und Frau haben ihre Beziehung zueinander geregelt.

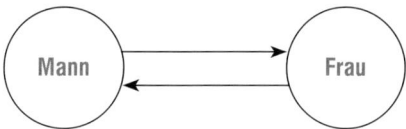

Abb. 15: Geregelte Paarbeziehung

Sie haben sich in ihren unterschiedlichen Lebensgeschichten und Erfahrungen kennengelernt und sich damit auseinandergesetzt. Sie haben ihre Werte und ihre Vorstellungen u. a. im Zusammenleben erfahren und sich aufeinander eingestellt. Wird ein Kind geboren, verändert sich die Beziehung. Aus der Zweisamkeit (Duade) wird eine Dreisamkeit (Triade). Das Beziehungsgeflecht vervielfacht sich. Aus dem Paar (Mann und Frau) werden Eltern. Sie sind immer noch Mann und Frau, Geliebter und Geliebte und nehmen sich zusätzlich als Papa und Mama wahr. Der Mann sieht seine Frau nun nicht mehr ausschließlich als Frau / Geliebte an, sondern sieht auch, wie sie als Mutter agiert. Außerdem registriert er, wie sie als Mutter mit ihm als Mann aber auch als Vater umgeht. Umgekehrt verfährt die Frau und Mutter ebenso.

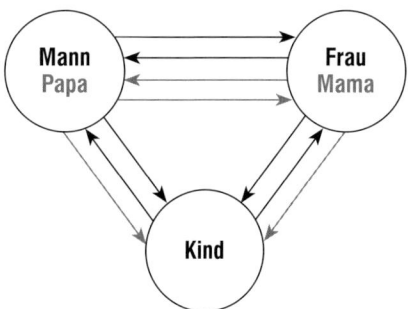

Abb. 16: Aus der Paarbeziehung werden Eltern

95

Durch ein weiteres Kind wird dieses Beziehungsgeflecht natürlich noch komplizierter, weil auch dann jeder jeden in allen Rollen bzw. Positionen wahrnimmt, z. B. nimmt der Vater die Beziehung zwischen Mutter und Sohn, zwischen Mutter und Tochter und zu ihm selbst wahr. Hinzu kommt, dass sich die Familienmitglieder zueinander verhalten. Durch sein Verhalten definiert jeder die Beziehung, welche er zu dem jeweiligen Familienmitglied hat.

Durch das zirkuläre Fragen können Sie diese Beziehungsstrukturen kennenlernen. Dieses ist wichtig, um das System der Familie zu verstehen und daraus entsprechende Handlungsperspektiven ableiten zu können. Wir können erkennen, wer in der Familie „die Hosen anhat", wer den Kurs in der Familie bestimmt. Das ist oft nicht, wie natürlicherweise erwartet, der Vater oder die Mutter. Oft genug ist es das Kind, welches die Führung übernommen hat und damit restlos überfordert ist.

Das Verhalten eines Familienmitgliedes wird von den anderen Familienmitgliedern wahrgenommen und hat eine Bedeutung für diese. Bei der zirkulären Frage werden die anderen gefragt, welche Bedeutung das Verhalten für sie hat, oder was sie glauben, welche Bedeutung es für ein weiteres Familienmitglied hat. So erfahren Sie etwas über die Beziehungsstrukturen. Gleichzeitig wird den Gesprächsteilnehmern die Möglichkeit gegeben, das Geschehen aus einer anderen Perspektive (von außen) zu betrachten, und der Sender des angesprochenen Verhaltens erfährt, wie die anderen Familienmitglieder ihn wahrnehmen und was er womöglich an Reaktionen damit auslöst.

Mit dieser Art zu fragen holen Sie gedanklich eine dritte Person hinzu und öffnen damit das Gespräch für andere Sichtweisen und bekommen neue Informationen. Das zirkuläre Fragen kann helfen, Missverständnisse aufzuklären.

Beispiel:
Jonathan trödelt jeden Morgen beim Anziehen. Dadurch kann seine Mutter ihn nicht pünktlich in die Schule bringen und kommt selbst oft zu spät zur Arbeit. Die Mutter hat alles versucht und weiß nicht mehr weiter.

Nun können Sie als Lehrer/in Vorschläge machen, aber wir wissen ja: Vorschläge sind auch Schläge. Stattdessen können Sie die Mutter fragen: „Wie würde Ihr Mann das Problem beschreiben?", „Wenn Ihr Sohn die Situation am Morgen beschreiben würde, was würde er sagen?" Durch diese Art zu fragen, erweitern Sie die Handlungsmöglichkeiten und vielleicht wird die Mutter entdecken, dass Jonathan dieses Verhalten nur bei ihr zeigt. Hätten Sie dies der Mutter direkt gesagt, hätte diese es als Bevormundung empfunden, als Kritik an ihrer Person und sie hätte es zurückgewiesen. Durch das zirkuläre Fragen konnte sie die Situation aus anderer Perspektive anschauen und von selbst zu dieser Erkenntnis kommen und auch sie akzeptieren. Sie kann erkennen, was der Vater in der Situation anders macht oder machen würde und warum er das Problem nicht hat. Sie hat die Chance zu erkennen, womit sie das Verhalten ihres Sohnes ungewollt unterstützt, und kann evtl. so handeln wie ihr Mann oder findet eine andere Möglichkeit mit ihrem Kind umzugehen.

Beispielfragen:

▸ Wie würde die Oma reagieren, wenn Ihr Kind sich so verhält?
▸ Was tut Ihr Mann, wenn sich Ihr Kind so verhält?
▸ Wie verhält sich Ihr Sohn, wenn sein Vater auf seine Weise reagiert?
▸ Wie würde die große Schwester ihren kleinen Bruder beschreiben?
▸ Was glaubst du, was dein Trödeln für deine Mama bedeutet?
▸ Für wen ist das Verhalten Ihres Kindes ein Problem?
▸ Wer würde es als Erster bemerken, wenn das, was Sie als problematisches Verhalten bezeichnen, nicht mehr auftritt?
▸ Was würde sich für Ihren Sohn verändern / verbessern, wenn er dieses Verhalten nicht mehr zeigen würde?
▸ Was würde sich für Ihren Mann ändern, wenn Ihr Sohn das von Ihnen unerwünschte Verhalten nicht mehr zeigen würde?
▸ Wer hätte am meisten davon, wenn das Problem nicht gelöst wird und alles so bleibt, wie es jetzt ist?
▸ Was würde Ihr Vater / Arzt / Vertrauensperson Ihnen raten zu tun?
▸ Wie würde Ihr Vater / Arzt / Vertrauensperson die Situation beschreiben?
▸ Was denken Sie, wie würde Ihr Vater / Arzt / Vertrauensperson in der Situation auf das Verhalten Ihres Kindes reagieren?

Zusammenfassung

▸ Zirkuläres Fragen bringt den Familienmitgliedern und der Lehrer/in Informationen über die Beziehungen in der Familie.
▸ Diese Art zu fragen gibt die Möglichkeit, das Problem aus einer anderen Sicht wahrzunehmen.
▸ Missverständnisse können u. U. aufgeklärt werden.
▸ Durch das zirkuläre Fragen kann die Familie sich „von außen" sehen. Durch diese neue Sichtweise ergeben sich Lösungen, die die Familie selbst erkennt.

4.2.2 Die Wunderfrage

Wenn eine Situation – ob in der Familie oder im Gespräch – verfahren ist oder festgefahren scheint, ist die Wunderfrage eine gute Möglichkeit, die Lage zu entspannen. Wenn Sie fragen: „Was wäre tatsächlich möglich?" oder: „Was können Sie realistischerweise ganz konkret dazu beitragen, dass sich die Situation für Ihr Kind entspannt?", geraten die Eltern unter Druck. Sie haben schließlich schon alles, was ihnen möglich ist, was ihnen eingefallen ist, ausprobiert und sind offensichtlich nicht erfolgreich gewesen. Fragen Sie aber: „Stellen Sie sich vor, es geschieht ein Wunder und nun ist das Problem beseitigt. Woran würden Sie / Ihr Partner / das Kind dies als erstes bemerken?"

Durch das „Wunder" ist klar, dass alles möglich ist, es muss keine realistische Lösung geben. Der Druck, für die Lösung verantwortlich zu sein, wird den Eltern genommen. Sie können frei fantasieren, träumen. Der Konflikt wird auf spielerische Weise entschärft und andere, vorher unmögliche (nicht sichtbare) Lösungen werden geträumt, angedacht. Meistens sind diese Ideen nicht weit von der Realität entfernt und gut umsetzbar.

Es ist wichtig, auf konkrete Antworten zu achten. Aussagen wie „Dann geht es uns besser" sind zu vage. Dann müssen Sie zu konkreteren Aussagen auffordern, indem Sie fragen: „Was ist dann anders?", „Wie sieht der nächste Morgen danach aus, durch was unterscheidet er sich von den vorherigen?"

Beispielfragen:
▶ Wenn durch ein Wunder über Nacht das Problem gelöst ist, wie sähe der nächste Morgen danach aus?
▶ Wenn durch ein Wunder über Nacht das Problem gelöst ist, wer würde das als Erster bemerken?
▶ Woran würde er es bemerken?
▶ Was wäre für Sie am nächsten Tag anders?
▶ Was wäre für Ihr Kind am Tag nach dem Wunder anders?
▶ Wie wäre die gleiche Situation ein Jahr nach dem Wunder?

Zusammenfassung
▶ Die Wunderfrage ermöglicht Lösungen, ohne dass sich jemand für deren Umsetzung verantwortlich fühlen muss.
▶ Der Blick auf ein Leben ohne das geschilderte Problem wird möglich.
(siehe Formular 10: Formulierungshilfen 2)

4.2.3 Das Aufstellen

Eine weitere Methode im systemischen Gespräch ist das Aufstellen oder die Skulpturarbeit. Hier ist große Achtsamkeit sehr wichtig, und sie muss sehr behutsam und sensibel eingesetzt werden. Das Aufstellen wirkt durch das Bildhafte sehr eindringlich, es können tiefe Emotionen freigesetzt werden, die von der Lehrer/in nicht immer vorhersehbar sind. Möchte ich in einem Gespräch diese Methode einsetzen, bereite ich die Familie darauf vor: „Liebe Familie Becker, wir haben uns nun eingehend mit dem Thema beschäftigt und viele Aspekte besprochen. Ich würde Ihnen gern eine Methode vorstellen, mit der Sie das Ganze noch einmal bildhaft darstellen und so schnell eine mögliche Lösung sichtbar machen können. Ich habe hier ein Kästchen mit einigen Puppen und bitte zunächst Sie Frau Becker: nehmen Sie die Puppen und stellen Ihre Familie so auf, wie Sie sie jetzt zu diesem Zeitpunkt empfinden. Stellen oder legen oder setzen Sie die Figuren mit dem Abstand und der Körperhaltung auf, wie Sie dies empfinden."

Die Beraterin braucht Wissen und Erfahrung darüber, wie Erlebnisse in Familien wahrgenommen und verarbeitet werden und wie sich diese auf das gesamte Familiensystem auswirken. Aus diesem Wissen und eigenen, reflektierten (Lebens-)Erfahrungen entstehen Sicherheit und Glaubwürdigkeit im Umgang mit den Aufstellungen der Familien und den angebotenen bzw. sich ergebenden Lösungen.

Die Aufstellung der Familie oder der Schüler/in bleibt zunächst so stehen und wird von ihnen erläutert bzw. mit Kommentaren begleitet. In dieser Phase gibt die Lehrkraft keinerlei eigene Bewertung oder Interpretation. Sie stellt nur Fragen, um die Aufstellung oder die begleitenden Worte zu konkretisieren oder Verständnisfragen. Ist die Aufstellung fertig, sind interpretierende Angebote sinnvoll. Sie können Ihren Eindruck oder Ihre Wahrnehmung von Diskrepanzen oder Widersprüchen mitteilen. Dies tun Sie als Angebot, nicht als Fakt, z. B.: „Ich habe das Gefühl, Sie würden Ihre Exfrau am liebsten gar nicht mit hinstellen, stimmt das?", „Ich habe das Gefühl, du würdest dich am liebsten noch viel weiter weg von deinem Klassenlehrer stellen, stimmt das?" Ist die Aufstellung abgeschlossen, fragen Sie, was der Aufsteller denkt, wie es den einzelnen Personen an ihren Plätzen geht: Wie fühlt sich der Vater dort an seinem Platz? Geht es ihm gut? Sind die Entfernungen zu den anderen Familienmitgliedern gut so? Wo würde er lieber stehen? Wo und wie muss er stehen, damit es ihm richtig gut geht? Sind alle Personen besprochen, schauen Sie gemeinsam noch mal auf die Skulptur. Hat die Familie selbst eine Aufstellung gefunden, mit der sich alle wohlfühlen und bei der jeder seinen angemessenen Platz hat, bleibt sie so bis zum Ende des Gesprächs stehen. Findet die Familie keine zufriedenstellende Lösung, sollte die Lehrkraft die Familie so aufstellen, wie es ein gesundes Bild ergibt, bei dem jeder seinen angemessenen Platz bekommt. Die Familie wird gefragt, wie sie das neue Bild erlebt und geht mit diesem „guten" Bild nach Hause.

Mit dieser Methode können die Hintergründe für die Familie sichtbar werden, die sie mit Worten nicht erfassen (können). Der Eindruck einer Skulptur wirkt länger und direkter als ausschließliches Sprechen über ein Thema. Es gibt mehrere Möglichkeiten für das Aufstellen einer Skulptur, die im Folgenden beschrieben sind.

Aufstellen mit kleinen Puppen

Für das Aufstellen von aktuellen Familiensituationen eignen sich kleine Puppen sehr gut. Ein Familienmitglied stellt die Familiensituation mit den Puppen auf dem Tisch dar. Dabei sind mindestens zwei, besser drei Puppenfamilien notwendig, weil evtl. nicht nur die Kernfamilie gebraucht wird, sondern auch Großeltern, wichtige Freunde, bei Patchwork-Familien die Mitglieder beider Familien.

Es stehen immer alle Puppen zur Verfügung (ansprechend in einem Körbchen oder Kästchen verpackt, schließlich sollen sie wichtige Menschen darstel-

Abb. 17: Puppenkiste

len). Die stellende Person sucht sich selber die entsprechenden Puppen aus. Es macht nichts, wenn nicht genügend Figuren in der entsprechenden Altersgruppe vorhanden sind. Diese kann man tauschen, nicht allerdings das jeweilige Geschlecht.

Es gibt immer eine Aufgabe, z. B.: „Stellen Sie bitte Ihre Familie aus Ihrer Sicht auf" oder: „Stellen Sie bitte Ihre Familie aus der Sicht Ihres Kindes / Ihres Mannes / des Opas auf!" Bei der Aufstellung wird das Thema oder Problem des Gespräches aufgegriffen. Es werden Nähe und Distanz der einzelnen Familienmitglieder zum Ausdruck gebracht, ebenso die Stellung der Personen (Puppen / Gegenstände) zueinander: Schauen sie sich an? Wenden sie sich den Rücken zu? Wendet sich nur eine Person ab? Wer steht dicht beieinander? Berühren sie sich? Fehlt jemand? Wer wird nicht mit aufgestellt, z. B. Expartner, verstorbene Familienmitglieder? Die jeweilige Aufstellung ist eine Abbildung der jeweils aktuellen Situation. Nächste Woche oder zu einem anderen Thema wird sie anders aussehen.

Die Aufgabe ergibt sich je nachdem, um welche Situation oder um wen es geht und welcher Blickwinkel verdeutlicht werden soll. Beginnt die Aufstellung, ist Zurückhaltung wichtig. Geben Sie keine Kommentare, keine Tipps oder Anregungen. Das Gleiche gilt auch für weitere anwesende Familienmitglieder. Es ist wichtig, vorher die Regeln mit allen Beteiligten abzusprechen: Keiner bewertet oder kommentiert die Aufstellung der anderen. Mit Sicherheit hat nämlich jeder eine andere Sicht der Dinge und es lohnt sich, diese einzeln (alleine oder nacheinander) aufstellen zu lassen. Diese Zurückhaltung ist wichtig, weil sonst das Bild beeinflusst wird. Die Person, die die Aufstellung macht, muss sich sicher fühlen und selbst entscheiden können. Manchmal dauert die Überlegung etwas länger.

Ist die Aufstellung fertig, erläutert der/die Aufsteller/in sein/ihr Bild und wir fragen dann entsprechend nach, damit wir sichergehen können, alles richtig verstanden zu haben. Sind mehrere Familienmitglieder dabei, werden auch sie gefragt, wie sie das Bild empfinden, was ihnen dazu einfällt, was ihnen auffällt, ob sie dies genauso aufstellen würden. (Sie können später selber eine Aufstellung machen, diese aber jetzt nicht verändern.) Wichtig ist hierbei, dass keine Bewertung vorgenommen wird! Es kann sich jeder vorstellen, dass sich sonst niemand mehr traut, eine Aufstellung zu machen.

Meistens fällt den Familien schon beim Betrachten auf, dass sich die einzelnen „Puppen" so nicht wohlfühlen können. Sie sehen, dass das Bild nicht stimmig ist, nicht „rund" aussieht. Dann folgt die Frage danach, was sich für die jeweilige Person bzw. Puppe ändern muss, damit sie sich in der Familie am richtigen Platz und damit wohlfühlt. Das stellen wir dann um, so lange, bis es für die Familie richtig ist. Aus diesem Bild leitet die Familie selber Handlungsschritte ab, die notwendig sind, um das „richtige" Bild zu erreichen. Dieses sind dann meistens auch Veränderungen, die die Familie ohne Probleme umsetzen kann. Das letzte Bild von der „richtigen" Familie prägt sich in der Regel fest ein. Und das ist gut so, denn das ist das Ziel, welches sie erreichen wollen.

Manche Familien brauchen etwas Unterstützung, um das „richtige" Bild zu finden. Aus der Wahrnehmung und dem Wissen über die Familie ergibt sich eine Idee, wie ein „gesundes" Bild der Familie aussieht.

Beispiel:
Die Familiensituation: Die Mutter ist nach der von ihr gewünschten Trennung vom Vater der Kinder alleinerziehend. Sie hat eine neue Beziehung, lebt aber mit ihren Kindern allein. Die Kinder besuchen den Vater unregelmäßig und sehen dabei auch ihre Großeltern väterlicherseits.

Im Elterngespräch habe ich den Eindruck, dass die Mutter sich im Kreis dreht. Sie beschreibt, dass die Kinder nach jedem Besuch beim Vater völlig aufgedreht und durcheinander sind, manchmal wollen sie gar nicht erst zu ihrem Vater. Sie selbst sagt, dass sie den Kontakt zum Vater fördert und für ihre Kinder wichtig findet. In dem Gespräch kommen wir nicht so recht weiter, wir finden die Ursache nicht. Der Mutter ist klar, dass sie selber ihren Exmann ablehnt, aber „vom Kopf her" weiß, dass er immer der Vater ihrer Kinder bleibt und diese den Kontakt brauchen. Diese Ambivalenz spüren ihre Kinder natürlich. Ich frage, welche Personen für ihre Kinder wichtig sind. Da stellt sich heraus, dass die Eltern ihres Exmannes für das ältere Kind eine große Bedeutung haben und sie ein inniges Verhältnis verbindet. Diese Mutter weiß vieles intellektuell, also „vom Kopf her", und versteht dies auch rein logisch, kann aber diese Erkenntnisse emotional nicht so einfach umsetzen. Daher erreiche ich sie eher mit anderen Methoden: Ich bitte sie, ihre Familie aus der Sicht ihres älteren Kindes aufzustellen. Zunächst stutzt sie, versetzt sich in ihr Kind, was einen immensen Vorteil dieser Variante ausmacht und ein anders Verständnis für das Verhalten ihres Kindes gewinnen lässt, findet dann aber schnell die entsprechenden Puppen und bleibt sehr gut bei der Sicht ihres Kindes. Als das Bild fertig ist, stehen die Großeltern zwar relativ weitab vom Rest der Familie, sind aber mit dabei.

Abb. 18: Puppenaufstellung 1

Spontan fegt sie mit einem heftigen Handschlag die Großeltern vom Tisch! Sie will sie nicht da haben.

Abb. 19: Puppenaufstellung 2

Ich frage, wie es ihrem Kind nun geht, ohne die Großeltern. Sie schaut das Bild ohne die Großeltern an und bemerkt, dass das für ihr Kind gar nicht richtig ist. Es ist unglücklich, ihm fehlen die Großeltern. Sie hebt die Großelternpuppen auf und stellt sie mit deren Sohn (Vater der Kinder) in die Nähe ihres Sohnes. Das ist besser! Wir stellen noch ein bisschen um und dann ist das Bild gut.

Abb. 20: Puppenaufstellung 3

Wir beenden diese Sitzung wie sonst auch. Beim nächsten Termin berichtet die Mutter: Sobald sie zu Hause war, hat sie die Telefonnummer der Großeltern in das Telefon eingespeichert und ihrem Kind gesagt: „Ich habe die Telefonnummer von Oma und Opa im Telefon gespeichert. Du kannst jederzeit bei Oma und Opa anrufen!" Und das hat sie völlig ernst gemeint, sie hatte keinerlei Vorbehalte diesbezüglich. Sie sagte mir, dass sie das tat, ohne sich vorher großartig Gedanken zu machen, was sie denn nun tun müsse, damit es ihrem Kind besser gehe. Die Idee war einfach da und richtig. Alle waren erleichtert, das Kind strahlte innerlich. Die innerliche, echte Erlaubnis der Mutter hat den Knoten gelöst.

Aufstellen mit symbolischen Gegenständen

Das Aufstellen mit Gegenständen ist sinnvoll bei Personen, die viel über den Verstand regeln und / oder Therapie-erfahren sind. Solche Menschen meinen oft zu wissen oder zu ahnen, was die Berater/in angeblich hören will, manchmal kennen sie die sinnhaften Hintergründe von Aufstellungen. Es kann sein, dass sie die Aufstellung so gestalten, wie sie denken, dass sie „richtig" ist. Durch die Verwendung von Gegenständen sind sie abgelenkt und konzentrieren sich zunächst auf die Auswahl eines Gegenstandes für die jeweilige Person. Manchmal ist es für sie leichter, über die gewählten Gegenstände Kontakt zu der Person zu bekommen als relativ direkt über die Puppe. Wenn das Bild fertig ist, ist es abstrakter als eine Aufstellung mit Puppen. Nach der Erläuterung des Bildes wird gefragt, was die jeweilige Person mit dem gewählten Gegenstand gemeinsam hat und was sie selbst damit verbindet. Z.B. wird ein Stein ausgewählt: Ist die Person steinhart, aber ohne Ecken und Kanten (Kieselstein), hat das auch etwas Positives (Zuverlässigkeit, Stärke)?

103

Abb. 21: Kiste mit
Gegenständen

Hierbei ist aufmerksames Zuhören wichtig. Die Versuchung, eigene Ideen zu
dem Gegenstand unreflektiert zu übertragen, ist groß. Deshalb immer nachfragen, ob Ihr Gegenüber Ihre Interpretation bestätigt oder einen anderen Gedanken dazu hat.

Auch hier offenbart sich durch die Visualisierung ein Bild der aktuellen Situation der Familie. Es wird Unstimmigkeiten geben, Teile der Familie sind am „falschen Platz". Gemeinsam mit der Familie werden die einzelnen Teile / Personen
an einen für sie angemessenen und für die Familie gesunden Platz gerückt.

Aufstellen mit vorhandenen Gegenständen

Das Aufstellen mit Puppen und symbolischen Gegenständen ist die optima-
le, die Luxusvariante. Wenn Sie keine Puppen oder symbolischen Gegenstände zur Hand haben, eignen sich zum Aufstellen auch einfach die Gegenstände (Kaffeetassen, Kaffeekanne, Wasserglas, Wasserflasche, Papiertaschentücher
usw.), welche gerade auf dem Tisch stehen. Mit den vorhandenen Gegenständen
können gut innerliche Größenunterschiede (Glas und Wasserflasche) dargestellt
werden. Die Vorgehensweise ist die gleiche, wie oben beim Aufstellen mit Puppen beschriebene.

Die Gegenstände auf dem Tisch sind – genauso wie die anderen o. g. Gegenstände – gut geeignet, um Eltern spontan familiäre Zusammenhänge bildlich darzustellen.

Neben der Möglichkeit, dass die Familienmitglieder eine Aufstellung gestalten, kann auch die Beraterin den Eltern das Angebot machen, ihren Eindruck von
der Situation abzubilden. In dem folgenden, beschriebenen Beispiel wird diese
Möglichkeit dargestellt. Diese Variante ist selbstverständlich auch bei dem Aufstellen mit Puppen oder symbolischen Gegenständen möglich. Manchmal tun
sich die Eltern oder Schüler/innen schwer, selber die Familie aufzustellen; da ist

es unterstützend, wenn die Lehrer/in den Eltern dieses Angebot macht. Wichtig ist es, dabei sensibel vorzugehen und die Reaktion der Eltern zu beachten. Haben Sie den Eindruck, die Eltern möchten kein Bild sehen oder könnten damit überfordert sein, dann visualisieren Sie Ihren Eindruck natürlich nicht. Stimmen die Eltern zu, stellt die Lehrer/in ihren Eindruck von der Situation mit den Gegenständen. Natürlich ist es wichtig nachzufragen, ob dieser Eindruck richtig ist bzw., was an der Aufstellung richtig oder falsch ist. Die Eltern können und sollen die Aufstellung korrigieren oder kommentieren.

Beispiel:
Eine Mutter kommt in die Beratung, weil ihr Kind überhaupt nicht auf sie hört. Dieses ziehe sich durch alle Bereiche des Alltags. Auf den Vater höre das Kind etwas besser, aber auch nicht so, wie die Eltern sich das wünschen.

Im Laufe des Gesprächs habe ich den Eindruck, dass das Kind die Familie dominiert, über alle bestimmt. Das Kind mit seinen sieben Jahren entscheidet, wann es ins Bett geht, was es isst, was es anzieht, ob und wann es Hausaufgaben macht usw. Es steht – bildlich gesehen – über der ganzen Familie, ist größer als seine Eltern. Ich frage, ob ich ihr einmal darstellen dürfe, welches mein Eindruck ist. Eine andere Fragemöglichkeit ist: Ich sage, dass ich einen Eindruck gewonnen habe und ob sie diesen wissen möchte? Sie bejaht und ich wähle die große Wasserflasche als ihr Kind und unsere Becher als Vater und Mutter und stelle sie auf dem Tisch als Familie auf.

Abb. 22: Aufstellung mit Flasche und Bechern 1

Die Mutter schaut das Bild an und sagt: „Ja, genauso ist es! Wir fühlen uns oft klein und hilflos unserem Kind gegenüber." Ich frage sie, wie es ihrem Kind mit diesem Größenverhältnis geht. Sie bemerkt sofort, dass das Kind völlig überfordert ist. Es sucht seine Eltern, zu denen es aufschauen kann, die ihm Halt geben. Dies ist so nicht möglich. Durch die visuelle Darstellung war es der Mutter möglich, dieses Missverhältnis zu sehen – im wahrsten Sinne des Wortes. Ich biete ihr eine andere Möglichkeit an und stelle ihre Familie neu auf. Diesmal sind die Eltern die beiden großen Wasserflaschen und das Kind ist der Becher. So sind die Größenverhältnisse angemessen.

Abb. 23: Aufstellung mit Flasche und Bechern 2

Die Mutter blickt auf dieses Bild und ist erleichtert. So fühlen sich alle drei wesentlich besser. Ich habe sie ermutigt und aufgefordert, ihre Position als Mutter einzunehmen und ihre Verantwortung dem Kind gegenüber anzunehmen.

Zusammenfassung
▸ Der Eindruck einer Skulptur wirkt intensiver als die Sprache allein.
▸ Eine Aufstellung ist mit Personen, Puppen und Gegenständen möglich.
▸ Das Aufstellen oder Skulpturarbeit erfordert viel Sensibilität und Erfahrung.

Aufstellen mit Teilnehmenden
Das Aufstellen mit Teilnehmenden sei der Vollständigkeit halber erwähnt. Es kann in einer größeren Gruppe durchgeführt werden. Diese Methode muss sehr professionell von einer erfahrenen Gesprächsführerin begleitet werden, weil die Personen sich intensiv in die ihnen zugewiesene Person einfühlen und deren Emotionen erleben.

Die Methode soll hier nicht weiter erläutert werden, weil sie für das reine Elterngespräch keine Rolle spielt. Weiteres können Sie z.B. in Bert Hellingers *Ordnungen der Liebe* nachlesen.

4.2.4 Die Hausaufgabe

Am Ende eines Gespräches kann es sinnvoll sein, den Eltern oder der Schüler/in oder beiden gemeinsam eine Hausaufgabe mitzugeben. Diese sollte sehr einfach und spielerisch leicht zu erfüllen sein. Der Sinn einer Hausaufgabe besteht darin, die Familie von ihrem Problem abzulenken und damit andere Lösungsmöglichkeiten zu eröffnen. Außerdem soll der Blick der Familie auf ihre Ressourcen gelenkt werden. Oft ist die Wahrnehmung aller Familienmitglieder nur noch auf das Problem fokussiert. Sie nehmen alle anderen, positiven Situationen nicht mehr wahr (selektive Wahrnehmung). Das kennt jeder: Ist ein Paar frisch verliebt, sieht es nur noch händchenhaltende Pärchen. Ist eine Frau schwanger, sieht sie plötzlich überall Mütter, die Kinderwagen schieben, die scheinbar vorher nicht da gewesen sind.

Die Hausaufgabe: „Verändern Sie nichts! Machen Sie in der nächsten Woche alles so wie bisher", dient der Entlastung der Familie. Sie ist sinnvoll, wenn eine Familie sehr unter Druck steht. Gestresste Menschen sind oft nicht in der Lage, ihre Situation aus einem anderen Blickwinkel zu sehen und Lösungswege zu erkennen. Sie handeln in ihrem vertrauten Schema (siehe auch Kapitel 1.5.1). In der Regel halten die Familien diese Hausaufgabe nicht ein, denn allein schon durch das Gespräch mit der Lehrer/in tritt eine Veränderung ein und sie können nicht mehr ganz genauso handeln wie vorher.

Beispiele:
▸ Achten Sie die kommende Woche besonders auf alles, was Ihnen an Ihrem Kind gut gefällt!
▸ Notieren Sie in der kommenden Woche alle Zeiten, zu denen Ihr Kind von selbst seine Hausaufgaben gemacht hat.
▸ Achten Sie darauf, dass Sie in der nächsten Woche nichts in Ihrem Alltag verändern, machen Sie alles genauso weiter wie bisher.
▸ Legen Sie sich einen Zettel bereit und jedes Mal, wenn Ihr Kind sich so verhält, wie Sie es sich wünschen, malen Sie einen Smiley.

Übung 17:
Erinnern Sie sich an die letzten drei Elterngespräche. Überlegen Sie sich zu jeder Familie eine adäquate Hausaufgabe.

Zusammenfassung

▸ Die Hausaufgabe dient dazu, den Blick vom Problem auf die Ressourcen zu lenken.

▸ Die Hausaufgabe wird am Ende des Gespräches gegeben.

▸ Sie soll spielerisch und leicht durchzuführen sein.

4.2.5 Die paradoxe Intervention

Eine weitere Methode in der systemischen Gesprächsführung ist die paradoxe Intervention. Diese sollte sensibel und sehr bewusst eingesetzt werden, da die paradoxe Intervention eine eigene Dynamik hat und der Ausgang nicht vorhersehbar ist. Das heißt, alle Ergebnisse, die sich daraus ergeben, müssen für die Familie und die Lehrer/in in Ordnung sein. Diese Methode geht nicht gegen das „Fehlverhalten" an, sondern führt es bewusst herbei. Familien, die im Gespräch auf der verbalen Ebene nicht gut erreicht werden, werden durch die paradoxe Intervention irritiert, um eine Auseinandersetzung mit dem Problem zu provozieren. Durch eine Hausaufgabe (siehe Kapitel 4.2.4), mit der Sie auffordern, das „Fehlverhalten" besonders auszuleben, wird den Eltern erst klar, wie sie sich selbst verhalten und womit sie das Problem ihres Kindes ungewollt fördern / herausfordern. Natürlich ist so eine Aufgabe eine Provokation und darf nur sehr gezielt eingesetzt werden.

Beispiel:

Frau Maler bittet die Klassenlehrerin Frau Anders um ein Beratungsgespräch, weil ihre sechseinhalbjährige Tochter Nadine abends nicht einschlafen will. Jeden Abend verlängert Nadine mit verschiedenen Wünschen das „Ins-Bett-Bringen" und es dauert sehr lange, bis Nadine einschläft. Frau Maler ist berufstätig. Sie möchte am Abend ihre Ruhe haben und sich vom anstrengenden Tag erholen. Sie ist schon völlig genervt und weiß nicht mehr weiter.

Im Gespräch fragt die Grundschullehrerin Frau Anders, wie die Zeit nach der Schule aussieht. Die Mutter erzählt: „Manchmal gehen wir noch schnell einkaufen und dann nach Hause. Dort mache ich etwas im Haushalt und Nadine macht ihre Hausaufgaben, wenn sie welche aufhat. Dann spielen wir noch etwas zusammen oder gehen auf den Spielplatz. Ich will ja auch was von ihr haben! Dann gibt es Abendessen, und ich bringe sie ins Bett." Die Lehrerin fragt nach: „Erzählen Sie mir doch bitte mal genau, wie das Ins-Bett-Bringen abläuft. Beginnen Sie mit dem Zähneputzen." Die Mutter schildert, dass Nadine nach dem Zähneputzen (dies läuft nicht ohne Probleme und Machtkämpfe ab) ins Bett geht, und die Mutter liest ihr eine Geschichte vor oder Nadine darf noch ein Buch allein anschauen. Dann gibt sie ihrer Tochter einen Gute-Nacht-Kuss und geht aus dem

Zimmer. Kurze Zeit später ruft Nadine, sie möchte etwas zu trinken. Frau Maler bringt ihr ein Glas Wasser. Wiederum kurze Zeit später muss Nadine auf die Toilette, dann kann sie nicht einschlafen, es ist zu dunkel, sie hat wieder Durst, Frau Maler bringt ihr nochmals Wasser usw. … Später am Abend ist Frau Maler völlig genervt, schreit ihre Tochter manchmal an. Irgendwann schläft Nadine dann ein.

Zum Ende des Gespräches gibt die Frau Anders der Mutter folgende Hausaufgabe: „Machen Sie in der nächsten Woche alles weiter wie bisher, mit einer Ausnahme: Bieten Sie Ihrer Tochter zwei oder drei Getränke zur Auswahl an."

Bei dem Gespräch eine Woche später erzählt die Mutter lachend, wie seltsam sie sich vorkam, als sie ihre Tochter fragte, was sie denn zu trinken haben möchte. „Eigentlich will ich ihr gar nichts zu trinken bringen!" Frau Maler stellt ihrer Tochter nun ein Glas mit wenig Wasser ans Bett, mehr gibt es nicht. Diese Idee hätte sie als Vorschlag der Lehrerin wahrscheinlich mit einem „Ja, aber…" beantwortet.

Mit der Hausaufgabe, alles so weiterzumachen wie bisher, wird die Mutter entlastet. Dies ist wichtig, weil sie ohnehin schon sehr unter Druck steht und unter Stress nicht angemessen und überlegt handeln kann (siehe Kapitel 6.1).Die paradoxe Intervention war in diesem Beispiel die Hausaufgabe, dem Kind zwei oder drei Getränke zur Wahl anzubieten. Die Aufforderung überspitzt das Verhalten der Mutter, dem Kind immer wieder ein Glas Wasser zu trinken zu bringen. Hätte die Lehrerin Frau Maler aufgefordert, dem Kind nichts mehr zu trinken zu bringen oder nur ein Glas Wasser hinzustellen (wie sie es letztlich selber entwickelt hat), hätte Frau Maler sich mit großer Wahrscheinlichkeit dagegen gesträubt und diverse Argumente aufgeführt, warum sie dies nicht durchführen kann. Jede Familie oder Person kann nur den eigenen, individuellen Weg zur Lösung ihres Problems umsetzen, den sie selber findet.

Zusammenfassung

▸ Die paradoxe Intervention kann den Eltern Verhaltensweisen verdeutlichen, mit denen sie ungewollt ein unerwünschtes Verhalten ihres Kindes unterstützen.

Abschließende Ermutigung

Nun haben Sie dieses Buch durchgearbeitet und wahrscheinlich sowohl Vertrautes und Bekanntes als auch Neues gefunden. In dieser Kombination lernen Menschen am besten: Das Vertraute bietet die Basis, auf der das Neue aufbaut. Etwas Neues ist nur interessant, wenn es an etwas Bekanntem anknüpfen kann. Das, was Sie schon wussten wird aufgefrischt, wieder hervorgeholt und die neuen, unbekannten Informationen daran gekoppelt. Ich hoffe, Sie haben die Momente, in denen Sie sich „Ach ja, genau!" und „Ja, das kenn ich doch noch" gesagt haben, genossen und sind neugierig auf das Neue geworden. In meinen vielen Seminaren sind solche Sätze immer wieder gefallen und in den Rollenspielen hat sich gezeigt, dass alle Lehrer/innen ein großes Potenzial und viele manchmal ungeahnte bzw. verschüttete Kompetenzen hatten, die wir wieder hervorgeholt haben.

Dadurch, dass Sie sich mit Kommunikation in diesem Buch auseinandergesetzt haben, zeigen Sie Ihr Interesse und Ihre Bereitschaft für eine gute, zielfördernde Zusammenarbeit mit Ihren Schüler/innen und deren Eltern. Hierfür wünsche ich Ihnen viel Erfolg und auch viel Spaß!

Gern stehe ich Ihnen für Fortbildungen, Seminare oder Coaching in Gruppen oder einzeln zur Verfügung. Näheres unter www.Irene-Beier.de.

Formular

1

Die 10 Gebote des aktiven Zuhörens

Nicht sprechen!
Sie können nicht zuhören, wenn Sie selbst sprechen.

Den Gesprächspartner entspannen!
Zeigen Sie ihm, dass er frei sprechen kann. Schaffen Sie eine entspannende Umgebung.

Zeigen Sie, dass Sie zuhören wollen!
Zeigen Sie Interesse. Lesen Sie zum Beispiel während des Gespräches keine Post.
Hören Sie zu, um zu verstehen, nicht um zu opponieren.

Halten Sie Ablenkung fern!
Zeichnen Sie z.B. keine Kritzeleien, stapeln oder durchblättern Sie keine Papiere.
Stellen Sie das Telefon ab, schließen Sie die Tür.

Stellen Sie sich auf den Partner ein!
Versuchen Sie, sich in seine Situation zu versetzen, damit Sie seinen Standpunkt verstehen.

Geduld!
Haben Sie Zeit. Unterbrechen Sie nicht. Seien Sie nicht unter Zeitdruck.

Beherrschen Sie sich!
Wenn Sie sich ärgern, fühlen Sie sich in der Regel persönlich angegriffen.
Dann kann es leicht passieren, dass Sie die Worte Ihres Gegenübers falsch interpretieren.

Lassen Sie sich durch Vorwürfe und Kritik nicht aus dem Gleichgewicht bringen!
Das bringt Ihren Partner in Zugzwang. Streiten Sie nicht. Auch wenn Sie gewinnen,
haben Sie verloren!

Fragen Sie!
Das ermutigt Ihre Gesprächspartnerin und demonstriert Ihr Interesse.
Es kann das Gespräch vertiefen.

Nicht sprechen!
Dies ist das erste und letzte Gebot und alle anderen hängen davon ab. Man kann nicht gut
zuhören, solange man spricht. Die Natur gab dem Menschen zwei Ohren, aber nur eine Zun-
ge – dies ist ein sanfter Hinweis darauf, dass man mehr hören als sprechen sollte!

© 2011 Kallmeyer in Verbindung mit Klett · Friedrich Verlag GmbH, Seelze. Alle Rechte vorbehalten

Formular

2.1

Datum _____

Fragebogen für ein erstes Halbjahresgespräch – für Eltern

Name des Kindes: _____ geb. am: _____

Name der Eltern: _____

Name der Lehrkraft: _____

1. Ist Ihr Kind gut in der Schule eingewöhnt?
Fühlt es sich wohl? Woran merken Sie dies?

_____

Hat es Freunde gefunden?

_____

Geht es gerne in die Schule?

_____

Hat es die Klassenlehrer/in akzeptiert?

_____

(Wie) Hat sich die Einschulung auf das Verhalten des Kindes ausgewirkt?

_____

Hat sich der Tagesablauf verändert?

_____

2. Auf welchem schulischen Entwicklungsstand ist Ihr Kind?
Was kann es besonders gut, was macht es gern?

_____

Was mag es gar nicht?

_____

Wo braucht es noch Unterstützung?

_____

3. Welche Entwicklung wünschen Sie sich für Ihr Kind zum Ende der ersten Klasse?

_____

4. Was möchten Sie über die Schule, den Unterricht wissen?

_____

5. Folgendes möchten Sie noch mitteilen:

_____

_____

© 2011 Kallmeyer in Verbindung mit Klett, Friedrich Verlag GmbH, Seelze. Alle Rechte vorbehalten

Formular

2.2

Datum

Fragebogen für ein erstes Halbjahresgespräch –
für die Lehrkraft

Name des Kindes: _____ geb. am: _____

Name der Eltern: _____

Name der Lehrkraft: _____

1. Ist das Schulkind gut in der Schule eingewöhnt?
Fühlt es sich wohl? Woran merken Sie dies?

_____

Hat es Freunde gefunden?

_____

Geht es gerne in die Schule?

_____

Hat es Sie als Klassenlehrer/in akzeptiert?

2. Auf welchem schulischen Entwicklungsstand ist das Kind?
Was kann es besonders gut, was macht es gern?

_____

Was mag es gar nicht?

_____

Wo braucht es noch Unterstützung?

_____

3. Welche Entwicklung wünschen Sie sich für das Kind zum Ende der ersten Klasse?

_____

4. Was möchten Sie über das Kind in seiner häuslichen Umgebung erfahren?
Zum Beispiel: (Wie) Hat sich die Einschulung auf das Verhalten des Kindes ausgewirkt?
Hat sich der Tagesablauf verändert?

_____

5. Folgendes möchten Sie noch mitteilen:

_____

_____

© 2011 Kallmeyer in Verbindung mit Klett, Friedrich Verlag GmbH, Seelze. Alle Rechte vorbehalten

2.3

Formular

Datum

Formular zur Gesprächsvorbereitung zum
Lehrer-Schüler-Eltern-Gespräch – für die Schüler/in

Name der Schüler/in: _____   Klasse: _____

Lehrer/in: _____

Besonders gut kann ich/bin ich in:

_____

_____

Verbessern möchte ich mich in/bei:

_____

_____

Helfen würde mir (z. B. Unterstützung [genau beschreiben] von Lehrer und/oder Eltern, Nachhilfe, Lerngruppen, ein anderer Sitzplatz ...):

_____

_____

In Bezug auf die Schule wünsche ich mir:

_____

_____

Folgendes möchte ich noch mitteilen:

_____

_____

© 2011 Kallmeyer in Verbindung mit Klett. Friedrich Verlag GmbH, Seelze. Alle Rechte vorbehalten.

Formular

2.4

© 2011 Kallmeyer in Verbindung mit Klett · Friedrich Verlag GmbH, Seelze · Alle Rechte vorbehalten

Datum _____

Formular zur Gesprächsvorbereitung zum
Lehrer-Schüler-Eltern-Gespräch – für die Eltern

Name der Schüler/in: _____ Klasse: _____

Lehrer/in: _____

Besonders gut kann unser Kind:

_____

_____

In folgenden Bereichen/Fächern sehen wir noch Verbesserungspotenzial:

_____

_____

Wir können unser Kind in diesem Bereich folgendermaßen unterstützen:

_____

_____

In Bezug auf die Schule wünschen wir uns für unser Kind:

_____

_____

Folgendes möchten wir noch mitteilen:

_____

_____

2.5

Formular

Datum

Formular zur Gesprächsvorbereitung zum
Lehrer-Schüler-Eltern-Gespräch – für die Lehrkraft

Name der Schüler/in: _____ Klasse: _____

Lehrer/in: _____

Sie/Er kann besonders gut:

_____

_____

In folgenden Bereichen/Fächern sehe ich noch Verbesserungspotenzial:

_____

_____

Ich kann sie/ihn folgendermaßen unterstützen:

_____

_____

In Bezug auf die Schule wünsche ich mir für sie/ihn:

_____

_____

Folgendes möchte ich noch mitteilen, folgende Fragen habe ich noch:

_____

_____

© 2011 Käthmeyer in Verbindung mit Klett. Friedrich Verlag GmbH, Seelze. Alle Rechte vorbehalten

Formular

3

Datum _____

Fragebogen zur Einschulung – für Eltern

Name des Kindes: _____ geb. am: _____

Telefon privat: _____ dienstlich: _____

Im Notfall zu benachrichtigen: _____

Name der Lehrer/in: _____ Klasse: _____

1. Wer gehört zur Familie Ihres Kindes (bei Geschwistern bitte das Alter angeben)?

_____

2. Welche Sprache wird zu Hause gesprochen?

_____

3. Welcher Religion gehören Sie an?

_____

4. Kulturelle Besonderheiten, die wir wissen sollten:

_____

5. Ist Ihr Kind zurzeit belastet durch Veränderungen seiner Lebenssituation (z. B: Umzug, Geburt eines Geschwisterkindes, Trennung der Eltern o. Ä.)?

_____

6. Gibt es Besonderheiten im bisherigen Entwicklungsverlauf Ihres Kindes?

_____

7. Wurden unterstützende Therapien in Anspruch genommen?

_____

8. Müssen wir diesbezüglich etwas Besonderes beachten im Umgang mit Ihrem Kind?

_____

9. Was wünschen Sie sich für Ihr Kind in unserer Schule?

_____

Wir bitten Sie, diesen Bogen auszufüllen und zum ersten Elterngespräch mitzubringen.
Herzlichen Dank!

© 2011 Kallmeyer in Verbindung mit Klett · Friedrich Verlag GmbH, Seelze. Alle Rechte vorbehalten

4

Formular

Datum

Checkliste für die Vorbereitung des Elterngesprächs

1. **Wer hat das Gespräch initiiert?**
   Eltern: ▸ **Worüber möchten sie reden?**

   ▸ **Was erwarten sie von mir?**

2. **Welches Ziel habe ich für das Gespräch?** (daraus ergibt sich der weitere Plan)

3. **Wer soll daran teilnehmen?** (Mutter oder Vater, beide Elternteile, Kind/er, andere an der Erziehung Beteiligte, jemand vom pädagogischen Personal)

4. **Wo findet das Gespräch statt? In der Schule? Bei den Eltern zu Hause?**
   Je nach Ziel: z. B.
   ▸ Vertrauen aufbauen: Dann kann das Gespräch bei den Eltern zu Hause stattfinden.
   ▸ Habe ich eine Forderung an die Eltern, findet das Gespräch in der Schule statt.

5. **Um welche Uhrzeit findet das Gespräch statt?**
   Richten Sie sich nach den Eltern (Vertrauen schaffen), wirkt das anders auf die Eltern als wenn Sie den Termin nach Ihrer Arbeitszeit legen und die Eltern bitten, sich danach zu richten.

6. **Wie lange soll das Gespräch dauern?** Zeitpunkt von Beginn und Ende festlegen und zu Beginn die Zeiten nennen (Wir haben jetzt Zeit bis …)

7. **Wer spricht die Eltern (Mutter oder Vater) an?**

8. **Was sagen Sie?**

9. **Welche Fragen könnten kommen?**

10. **Was antworten Sie darauf?**

© 2011 Kallmeyer in Verbindung mit Klett. Friedrich Verlag GmbH, Seelze. Alle Rechte vorbehalten.

Formular 5

Datum

Checkliste für die differenzierte Planung des Elterngesprächs

1. Welches Ziel haben Sie? Was möchten Sie in dem Gespräch vermitteln oder erreichen?

2. Welche Informationen liegen vor oder müssen ausgetauscht werden?

3. Welche Fragen müssen Sie sinnvollerweise stellen?
   Sollen die Eltern oder der Schüler erst mal erzählen?

4. Welche Inhalte möchten Sie in dem Gespräch unterbringen?

5. Welche Reaktionen und/oder Fragen der Eltern oder des Schülers erwarten Sie?

6. Mit welchen Reaktionen und/oder Fragen können Sie gut umgehen?

7. Mit welchen Reaktionen und/oder Fragen können Sie nicht umgehen?
   Was können Sie dann tun?

8. Was kann schlimmstenfalls aus Ihrer Sicht während des Gesprächs passieren?

9. Wie können Sie dann reagieren? Wer oder was würde Ihnen dann helfen?

10. Womit, mit welcher Frage oder welchem Verhalten, könnten die Eltern/die Schüler/in
    Sie verunsichern oder aus dem Konzept bringen?

11. Was würde Ihnen dann helfen?

12. Mit welchem Kommunikationsmuster haben Sie die wenigsten Probleme?

© 2011 Kallmeyer in Verbindung mit Klett. Friedrich Verlag GmbH. Seelze. Alle Rechte vorbehalten

© 2011 Kallmeyer in Verbindung mit Klett. Friedrich Verlag GmbH, Seelze. Alle Rechte vorbehalten.

5

Formular

Datum

Checkliste für die differenzierte Planung des Elterngesprächs

13. Mit welchem Kommunikationsmuster haben Sie die meisten Probleme?

14. Wie können Sie sich dann schützen oder reagieren?

15. Welche Wertvorstellungen, Vorurteile, Meinung haben Sie persönlich zu dem anstehenden Thema?

16. Was kann die Familie und/oder das Kind besonders gut? Wo sind die Stärken (Ressourcen), die Sie nutzen können?

17. Soll eine zweite Lehrer/in dabei sein? Warum? Warum nicht?
    Rollenverteilung, wenn das Gespräch mit einer Kollegin geführt wird:
    ‣ Wer führt bzw. leitet das Gespräch? Genaue Rollenverteilung festlegen.
    ‣ Welche Rolle übernimmt die zweite Lehrer/in? (Ergänzungen, bestimmte inhaltliche Anteile, auf Gestik, Mimik achten, auf nonverbale Mitteilungen und Unstimmigkeiten achten, Reaktionen beobachten, roten Faden behalten, Protokoll schreiben.)
    ‣ Wer sitzt an welchem Platz? (nebeneinander, um Einheit zu demonstrieren, bildet aber einen Block; gegenüber, um aufzulockern, Blickkontakt schnell herstellen zu können; neben einem Elternteil, um Unterstützung für diesen zu signalisieren).
    ‣ Wer achtet auf die Zeit?

18. Das Setting:
    ‣ Wo findet das Gespräch statt? In welchem Raum?
    ‣ Welche Sitzgelegenheiten gibt es?
    ‣ Wo sitzen die Eltern/Schüler/in? Beide Elternteile: nebeneinander, gegenüber, neben der Lehrer/in (Welche Sitzordnung ist für das Ziel am besten?).
    ‣ Ist für Ungestörtheit gesorgt? (Telefon umleiten bzw. abgeben, Schild an die Tür, Kinderbetreuung)
    ‣ Sitzen Sie am Tisch?
    ‣ Gibt es Kaffee oder Tee?

19. Gesprächsaufbau:
    ‣ Einleitung: Begrüßung
    ‣ Darstellung des Themas, Inhalts, Problems
    ‣ Besprechung des Themas
    ‣ Evtl. Vereinbarungen treffen
    ‣ Ende einläuten: Ist alles gesagt? Möchte jemand noch etwas sagen?
    ‣ Ende des Gesprächs: Zusammenfassung, Vereinbarungen wiederholen, evtl. Hausaufgabe, bedanken und verabschieden
    ‣ Reflexion

20. Reflexion:
    ‣ Checkliste Reflexion abarbeiten (siehe Kapitel 2.2.4)

Formular

6

© 2011 Kallmeyer in Verbindung mit Klett. Friedrich Verlag GmbH. Seelze. Alle Rechte vorbehalten

Datum

Checkliste für den Ablauf des Gesprächs

1. Begrüßung aller Beteiligten mit Namen,
   Herstellen eines wertschätzenden, positiven Kontaktes

2. Den zeitlichen Rahmen benennen

3. Das Ziel und Thema des Gesprächs beschreiben

4. Inhalt / Thema besprechen

5. Zusammenfassung des Besprochenen

6. Zielvereinbarungen oder Absprachen

7. Verantwortlichkeiten und zeitlichen Rahmen
   bei erforderlichen Maßnahmen verbindlich festlegen

8. Positive Worte zum Abschluss

9. Verabschiedung

10. Reflexion

7

Formular

© 2011 Kallmeyer in Verbindung mit Klett · Friedrich Verlag GmbH, Seelze. Alle Rechte vorbehalten

Datum

Checkliste Reflexion

1. Wie ist das Gespräch aus Ihrer Sicht verlaufen? Hat sich die Rollenverteilung bewährt? Woran haben Sie das bemerkt?

2. Wie würden die Eltern das Gespräch beschreiben und es z. B. ihren Freunden gegenüber schildern?

3. Haben Sie das Ziel des Gesprächs erreicht? Woran erkennen Sie das? Wenn ja, was hat dazu geführt, was war besonders hilfreich, das Ziel zu erreichen?

4. Wenn nein, was ist passiert, dass Sie es nicht erreicht haben? Hat sich das Ziel während des Gesprächs verändert? Wodurch sind Sie vom Ziel abgekommen? Welche Informationen oder Prozesse haben ggf. zu dieser Änderung geführt?

5. Was haben Sie Neues erfahren?

6. Hat die Gesprächsführende die vereinbarten Sachinhalte für die Eltern verständlich ausgedrückt? Woran haben Sie bemerkt, dass die Eltern Sie verstanden haben?

7. War das Setting angemessen, unterstützend?

7

Formular

© 2011 Kallmeyer in Verbindung mit Klett · Friedrich Verlag GmbH, Seelze. Alle Rechte vorbehalten

Datum

Checkliste Reflexion

8. Hat jede/r ihre vereinbarte Rolle eingehalten? Wenn ja, war dies unterstützend? Wenn nein, wie sind Sie abgewichen, und was hat Sie zu der Veränderung bewogen?

9. Gab es bedeutsame Wendungen in dem Gespräch? Wodurch (z. B. welche Frage, welches Thema) wurden diese verursacht?

10. Gab es unangenehme Situationen? Für wen? Wie war der Ablauf? Wie haben Sie reagiert? War Ihre Reaktion angemessen? Hat Ihre Reaktion den Gesprächsverlauf beeinflusst, positiv oder negativ? Wie hätten Sie anders reagieren können? Wer oder was hätte Ihnen geholfen?

11. Welche konkreten Handlungen leiten Sie selbst aus dem Gespräch ab?

12. Zusammenfassung: Was ist Ihre wichtigste Erkenntnis aus dem Gespräch? Sieht Ihre Kolleg/in das genauso? Was würden die Eltern als wichtigste Erkenntnis benennen?

13. Leiten sich aus dem Gespräch Folgevereinbarungen ab bzw. wurden welche mit den Eltern getroffen? Wie und durch wen werden diese überprüft?

© 2011 Kallmeyer in Verbindung mit Klett · Friedrich Verlag GmbH, Seelze. Alle Rechte vorbehalten

Formular 8

Schlüsselkompetenzen

Name der Schüler/in _____ Datum _____

1. Lernkompetenzen

	gegenüber Mitschüler/innen			gegenüber Lehrkräften			im Unterricht		
	gut	ausbaufähig	Verbesserung erforderlich	gut	ausbaufähig	Verbesserung erforderlich	gut	ausbaufähig	Verbesserung erforderlich
Eigeninitiative									
Lernbereitschaft									
aktive Beteiligung									
Leistungsbereitschaft									
Motivation									

2. Kommunikative Kompetenzen

	gegenüber Mitschüler/innen			gegenüber Lehrkräften			im Unterricht		
	gut	ausbaufähig	Verbesserung erforderlich	gut	ausbaufähig	Verbesserung erforderlich	gut	ausbaufähig	Verbesserung erforderlich
Sprachliche Fähigkeiten									
Umgangsformen									
Argumentation									
mündlicher Ausdruck									

3. Soziale Kompetenzen

	gegenüber Mitschüler/innen			gegenüber Lehrkräften			im Unterricht		
	gut	ausbaufähig	Verbesserung erforderlich	gut	ausbaufähig	Verbesserung erforderlich	gut	ausbaufähig	Verbesserung erforderlich
Einfühlungsvermögen									
Hilfsbereitschaft									
Kritikfähigkeit									
Verantwortungsfähigkeit									

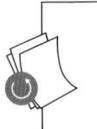

© 2011 Kallmeyer in Verbindung mit Klett · Friedrich Verlag GmbH, Seelze. Alle Rechte vorbehalten

Formular 8

Schlüsselkompetenzen

Name der Schüler/in _____ Datum _____

4. Kompetenz im Team

	gegenüber Mitschüler/innen			gegenüber Lehrkräften			im Unterricht		
	gut	ausbaufähig	Verbesserung erforderlich	gut	ausbaufähig	Verbesserung erforderlich	gut	ausbaufähig	Verbesserung erforderlich
Kooperationsfähigkeit									
Konfliktfähigkeit									
Abgrenzung, Nähe/Distanz									
Toleranz									

5. Problemlösung

	gegenüber Mitschüler/innen			gegenüber Lehrkräften			im Unterricht		
	gut	ausbaufähig	Verbesserung erforderlich	gut	ausbaufähig	Verbesserung erforderlich	gut	ausbaufähig	Verbesserung erforderlich
Erkennen von Problemen									
Frustrationstoleranz									
Belastbarkeit									
Verhandlungsgeschick									
Flexibilität									
Durchhaltevermögen									

6. realistische Selbstwahrnehmung der Schüler/in

	gegenüber Mitschüler/innen			gegenüber Lehrkräften			im Unterricht		
	gut	ausbaufähig	Verbesserung erforderlich	gut	ausbaufähig	Verbesserung erforderlich	gut	ausbaufähig	Verbesserung erforderlich
Zugehörigkeit									
Lernkompetenz									
kommunikative Kompetenz									
soziale Kompetenz									
Problemlösung									

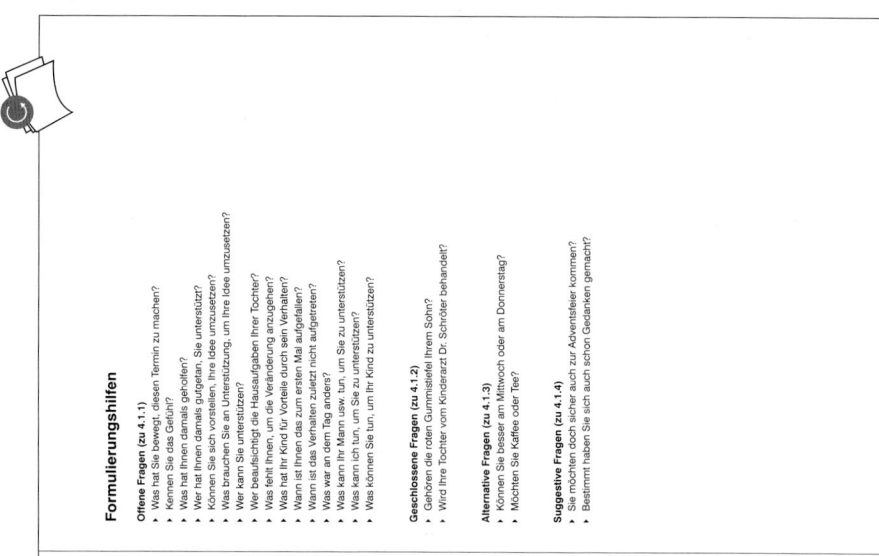

Formulierungshilfen

Offene Fragen (zu 4.1.1)

- Was hat Sie bewegt, diesen Termin zu machen?
- Kennen Sie das Gefühl?
- Was hat Ihnen damals geholfen?
- Wer hat Ihnen damals gutgetan, Sie unterstützt?
- Können Sie sich vorstellen, Ihre Idee umzusetzen?
- Was brauchen Sie an Unterstützung, um Ihre Idee umzusetzen?
- Wer kann Sie unterstützen?
- Wer beaufsichtigt die Hausaufgaben Ihrer Tochter?
- Was fehlt Ihnen, um die Veränderung anzugehen?
- Was hat Ihr Kind für Vorteile durch sein Verhalten?
- Wann ist Ihnen das zum ersten Mal aufgefallen?
- Wann ist das Verhalten zuletzt nicht aufgetreten?
- Was war an dem Tag anders?
- Was kann Ihr Mann usw. tun, um Sie zu unterstützen?
- Was kann ich tun, um Sie zu unterstützen?
- Was können Sie tun, um Ihr Kind zu unterstützen?

Geschlossene Fragen (zu 4.1.2)

- Gehören die roten Gummistiefel Ihrem Sohn?
- Wird Ihre Tochter vom Kinderarzt Dr. Schröter behandelt?

Alternative Fragen (zu 4.1.3)

- Können Sie besser am Mittwoch oder am Donnerstag?
- Möchten Sie Kaffee oder Tee?

Suggestive Fragen (zu 4.1.4)

- Sie möchten doch sicher auch zur Adventsfeier kommen?
- Bestimmt haben Sie sich auch schon Gedanken gemacht?

Formular 6

© 2011 Kallmeyer in Verbindung mit Klett · Friedrich Verlag GmbH, Seelze. Alle Rechte vorbehalten.

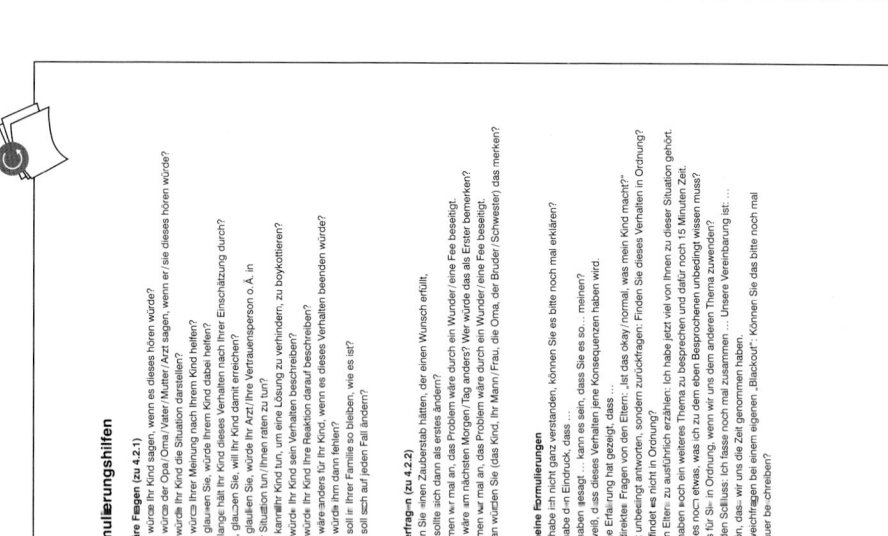

Formulierungshilfen

Zirkuläre Fragen (zu 4.2.1)

- Was würde Ihr Kind sagen, wenn es dieses hören würde?
- Was würde der Opa/Oma/Vater/Mutter/Arzt sagen, wenn er/sie dieses hören würde?
- Wie würde Ihr Kind die Situation darstellen?
- Was würde Ihrer Meinung nach Ihrem Kind helfen?
- Wer, glauben Sie, würde Ihrem Kind dabei helfen?
- Wie lange hält Ihr Kind dieses Verhalten nach Ihrer Einschätzung durch?
- Was, glauben Sie, will Ihr Kind damit erreichen?
- Was glauben Sie, würde Ihr Arzt/Ihre Vertrauensperson o. Ä. in Ihrer Situation tun/Ihnen raten zu tun?
- Was kann/Ihr Kind tun, um eine Lösung zu verhindern, zu boykottieren?
- Wie würde Ihr Kind sein Verhalten beschreiben?
- Wie würde Ihr Kind Ihre Reaktion darauf beschreiben?
- Was wäre anders für Ihr Kind, wenn es dieses Verhalten beenden würde?
- Was würde ihm dann fehlen?
- Was soll in Ihrer Familie so bleiben, wie es ist?
- Was soll sich auf jeden Fall ändern?

Wunderfragen (zu 4.2.2)

- Wenn Sie einen Zauberstab hätten, der einen Wunsch erfüllt, was sollte sich dann als erstes ändern?
- Nehmen Sie mal an, das Problem wäre durch ein Wunder/eine Fee beseitigt.
- Wie wäre am nächsten Morgen/Tag anders? Wer würde das als Erster bemerken?
- Nehmen Sie mal an, das Problem wäre durch ein Wunder/eine Fee beseitigt. Woran würden Sie (das Kind, Ihr Mann/Frau, die Oma, der Bruder/Schwester) das merken?

Allgemeine Formulierungen

- Das habe ich nicht ganz verstanden, können Sie es bitte noch mal erklären?
- Ich habe den Eindruck, dass ...
- Sie haben gesagt ... kann es sein, dass Sie es so ... meinen?
- Ich weiß, dass dieses Verhalten jene Konsequenzen haben wird.
- Meine Erfahrung hat gezeigt, dass ...
- Bei direkten Fragen von den Eltern: „Ist das okay/normal, was mein Kind macht?" nicht unbeeingt antworten, sondern zurückfragen: Finden Sie dieses Verhalten in Ordnung? Wer findet es nicht in Ordnung?
- Wenn Eltern zu ausführlich erzählen: Ich habe jetzt viel von Ihnen zu dieser Situation gehört. Wir haben noch ein weiteres Thema zu besprechen und dafür noch 15 Minuten Zeit. Gibt es noch etwas, was ich zu dem eben Besprochenen unbedingt wissen muss? Ist es für Sie in Ordnung, wenn wir uns dem anderen Thema zuwenden?
- Für den Schluss: Ich fasse noch mal zusammen ... Unsere Vereinbarung ist: ...
- Schön, dass wir uns die Zeit genommen haben.
- Ausweichfragen bei einem eigenen „Blackout": Können Sie das bitte noch mal genauer beschreiben?

Formular 10

© 2011 Kallmeyer in Verbindung mit Klett · Friedrich Verlag GmbH, Seelze. Alle Rechte vorbehalten.

126

Literaturhinweise

Gordon, T. (1972): Familienkonferenz. München
Leupold, E. M. (1995): Handbuch der Gesprächsführung. Freiburg
Rogoll, R. (1998): Nimm dich, wie du bist. Freiburg
Satir, V. (1996): Kommunikation Selbstwert Kongruenz. Paderborn
Schlippe, A. v.; Schweitzer, J. (1998): Lehrbuch der systemischen Therapie. Göttingen
Schulz v. Thun, F. (1998): Miteinander reden. 2 Bde. Reinbek
Tannen, D. (1986): Das hab ich nicht gesagt. München
- (1990): Du kannst mich einfach nicht verstehen. München
Watzlawik, P. (1986): Vom Schlechten des Guten. München
- (1987): Anleitung zum Unglücklichsein. München

Bildquellen

Seite 9: © frau.L. – Photocase.com
Seiten 14, 100, 102: Irene M. Beier, Lilienthal;
Seite 30–33: Used with permission of the Virginia Satir Global Network.
   www.satirglobal.org. All rights reserved;
Seite 35, 38, 40: nach Friedemann Schulz von Thun, „Miteinander reden 1. Störungen und
   Klärungen. Allgemeine Psychologie der Kommunikation". S. 33, S. 49. Copyright © 1981
   by Rowohlt Taschenbuch Verlag GmbH, Reinbek bei Hamburg
Seite 47: © fotofuerst – Fotolia.com
Seite 77: © N-Media-Images – Fotolia.com
Seite 87: © Maria.P. – Fotolia.com
Cover: © Gina Sanders – Fotolia.com

Sie können sich gern an mich zwecks Beratung oder Fortbildung wenden:

Irene M. Beier
Heidberger Str. 42
28865 Lilienthal
www.irene-beier.de
E-Mail: Irene.Beier@gmx.de

Unter **www.friedrich-verlag.de** finden Sie Materialien zum Buch als Download.
Bitte geben Sie den Download-Code in das Suchfeld ein.

DOWNLOAD-CODE: **d14905ga**

Hinweis:

Download-Material (pdf)

Das Download-Material enthält Checklisten und Formulare zur Gesprächsvorbereitung, Fragebögen und Formulierungshilfen. Als Käufer des Buches (ISBN 978-3-7800-4905-6) sind Sie zum Download dieser Datei berechtigt.
Weder die gesamte Datei noch einzelne Teile daraus dürfen ohne Einwilligung des Verlages an Dritte weitergegeben oder in ein Netzwerk gestellt werden. Dies gilt auch für Intranets von Schulen und sonstigen Bildungseinrichtungen.

Der Verlag behält sich vor, gegen urheberrechtliche Verstöße vorzugehen.

Haben Sie Fragen zum Download?
Dann wenden Sie sich bitte an den Leserservice der Friedrich Verlags GmbH.
Schreiben Sie uns oder rufen Sie uns an!

Sie erreichen unseren Leserservice
Montag bis Donnerstag von 8 – 18 Uhr
Freitag von 8 – 14 Uhr
Tel.: 05 11/4 00 04-150
Fax: 05 11/4 00 04-170
E-Mail: *leserservice@friedrich-verlag.de*

Wir freuen uns über Ihre Rückmeldungen und helfen Ihnen gerne weiter!